Rolf Heinzelmann

1x1 des Ziergehölz-schnitts

Ulmer

Vorwort

Bevor Sie sich mit dem Schnitt von Ziersträuchern auseinandersetzen, sollten Sie sich einige Aspekte vor Augen halten. Manches kleine Pflänzchen wird größer, als man angenommen hat, und beansprucht mehr Gartenfläche als ursprünglich geplant; es ist aber in der Regel utopisch, solche Ziergehölze durch regelmäßigen Rückschnitt klein halten zu wollen. Auch hat jedes Gehölz seine typische Wuchsform, die durch starke Schnittmaßnahmen verloren gehen kann.

Viele Gartenbesitzer sind der Meinung, sämtliche Ziersträucher müssten jährlich mehr oder weniger stark zurückgeschnitten werden. Das stimmt aber so nicht. Der Schnitt von Gehölzen ist keine zwingend notwendige Maßnahme, er wird nur angewendet, wenn er einen bestimmten Zweck verfolgt. Verlängerung der Lebensdauer, Verbesserung und Erhalt der Blühwilligkeit und Pflanzengesundheit sind die Ziele, die man dabei erreichen möchte. Ebenso kann Formschnitt oder der Erhalt einer natürlichen Erscheinungsform eine Rolle spielen. Einige Ziergehölze müssen nur in mehrjährigen Abständen geschnitten werden, andere benötigen, vielleicht abgesehen von einem Pflanzschnitt, überhaupt keine Schere oder Säge. Da Ziersträucher auch keinen komplizierten Kronenaufbau wie verschiedene Baumformen (insbesondere Obstgehölze) erfordern, spielt das Thema Erziehungsschnitt nur eine untergeordnete Rolle. Prüfen Sie also immer, ob ein Schnitt sinnvoll und machbar ist, bevor Sie zur Schere greifen.

Für einen angemessenen Schnitt sind Kenntnisse über Wuchseigenschaften oder Blütenbildung notwendig. Dabei sind Pflanz-, Erhaltungs- und Verjüngungsschnitt unterschiedliche Maßnahmen, die von Strauch zu Strauch stark variieren können. Im vorliegenden Taschenbuch möchte ich Ihnen dieses Wissen nahebringen, und zwar speziell für Ziergehölze, die sich strauchförmig entwickeln und keine baumtypische Kronenform bilden. Um die beschriebenen Schnitteingriffe in der Praxis besser verstehen und umsetzen zu können, sind aussagekräftige Abbildungen als Hilfe eingefügt. Ich möchte hier aber ausdrücklich nur Grundlagen vermitteln, die zum besseren Verständnis von Schnittmaßnahmen beitragen. Denn meiner Meinung nach kann man nur durch eigene Erfahrungen letztlich ein Gespür für die notwendigen Maßnahmen entwickeln. Ich wünsche Ihnen gutes Gelingen.

Rolf Heinzelmann

Das steckt im Buch

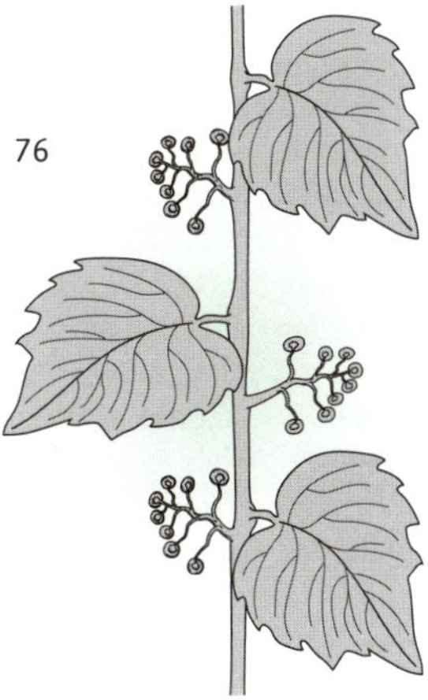

Welcher Zierstrauch passt in Ihren Garten?

Das Thema **pflegeleichter Garten** ist für Berufstätige, die sich ihre knapp bemessene Zeit einteilen müssen, gleichermaßen von Bedeutung wie für ältere Menschen, die nicht mehr so beweglich sind. Pflegeleicht bedeutet, dass man bereits bei der Gartenplanung Pflanzen bevorzugt, die weniger Arbeit machen.

Der naturnahe Gärtner weiß aber auch, dass ein Garten wichtige **ökologische Funktionen** übernehmen kann. Hier sind Klimaverbesserung, Bodenentsiegelung und die Schaffung von Lebensräumen für viele Pflanzen und Tiere zu nennen. Und dafür sind manche Sträucher wie geschaffen.

Je nach **Gestaltungsstil** von Haus und Garten fügen sich manche Sträucher harmonisch ins Gesamtbild ein, andere dagegen passen nicht so gut. Auch hierauf sollten Sie bei der Auswahl der Pflanzen achten.

Neben der Optik spielt die **Widerstandsfähigkeit** von Pflanzen gegen Krankheiten und Schädlinge eine wichtige Rolle. Pflanzen Sie robuste, an den Standort angepasste Sträucher, die mit dem vorhandenen Kleinklima und den Bodenverhältnissen gut zurechtkommen. Richtige Planung und eine gute Bodenvorbereitung sind dabei wichtige Kriterien.

Beachten Sie auch den **Standraum**, den eine Pflanze bei artgerechtem Wachstum benötigt. Pflanzen, die ständig durch Schnittmaßnahmen an ihren zu kleinen Standort gezwungen werden, verlieren ihren natürlichen Habitus und treiben immer wieder erneut aus. Und falsche Schnittmaßnahmen bedingen wiederum einen höheren Arbeitsaufwand, den man meistens im Garten nicht haben möchte.

Ein neuer Gartentrend besteht darin Zierde und **Nutzen** miteinander zu verbinden, wobei im Bereich Nutzen neben der Verwertung auch **ökologische Aspekte** eine Rolle spielen.

Man will insbesondere Vögeln und blütenbesuchenden Insekten Schutz vor Fressfeinden, Nistplätze und eine Nahrungsgrundlage bieten. In diese Nische passen sehr gut bestimmte Wildobstarten, auf die in diesem Buch näher eingegangen wird.

Wachstum und Schnitt

Man sollte sich darüber im Klaren sein, was man mit den Schnittmaßnahmen bezweckt und welche Reaktionen sie am Gehölz hervorrufen. Eine gute Orientierungshilfe geben hier die sogenannten Wachstumsregeln. Sie beschreiben Reaktionen der Pflanze auf bestimmte äußere Einflüsse, wie z. B. Astbruch durch Wind oder Schneelast. Sie sind das Selbsthilfeprogramm eines Gehölzes, das seine natürlich vorgegebene Wuchsform wieder herstellen möchte. Verloren gegangene Triebe versucht die Pflanze wieder zu ersetzen, um sich optimal in Richtung Licht zu positionieren. Ebenso wichtig für das Verständnis der Schnittregeln ist die Art der Blütenbildung bei jedem Strauch. Nur so können Sie mit einem angemessenen Schnitt auch Ihr Ziel erreichen.

Wuchsform der Sträucher

Jede Pflanze hat ein ihr eigenes Wuchsverhalten, das ihr äußeres Erscheinungsbild (ihren Habitus) verursacht. Bei Gehölzen unterscheidet man z. B. Bäume (mit Stamm, relativ hoch wachsend) von Sträuchern (ohne Stamm, niedriger bleibend). Die Wuchsform der Gehölze wird von den weiter unten beschriebenen Wachstumsregeln beeinflusst. Verschiedene Formen der Verzweigung und Neutriebbildung sind dafür verantwortlich. Sträucher bilden ihre Neutriebe hauptsächlich an der Basis, aus dem Boden heraus. Hier wird manchmal vermutet, es handle sich um sogenannte Wildtriebe, die alle zu entfernen seien. Aber das ist ein Irrtum: Im Gegensatz zu Obstgehölzen sind die meisten Ziersträucher nicht veredelt, sondern stehen auf eigener Wurzel. Das bedeutet, dass neu gebildete Bodentriebe genetisch identisch mit den Haupttrieben (sortenecht) sind und zur kontinuierlichen Verjüngung des Strauches benötigt werden.

Das Wuchsverhalten beeinflusst das spezielle Erscheinungsbild und die Wuchsform eines Gehölzes.

Art der Blütenbildung

Die Blüten- und damit auch die Fruchtbildung erfolgen bei Gehölzen entweder an Neutrieben oder am älteren Holz. Logischerweise richten sich danach auch die Schnittmaßnahmen aus. Begriffe wie einjährig, vorjährig oder mehrjährig stiften dabei häufig Verwirrung.

Blüten am Neutrieb: Der Neuaustrieb blüht noch im selben Jahr seiner Entstehung. Einige Rosen und der Schmetterlingsstrauch (*Buddleja davidii*) gehören zu diesem Typ. Ein Rückschnitt im zeitigen Frühjahr gewährleistet viele Neutriebe, an denen dann die Blüten gebildet werden. Nach Ende der Vegetationszeit (Triebabschluss) bzw. im darauffolgenden Jahr ist dieser Trieb dann 1 Jahr alt, also einjährig.

Blüten am einjährigen (vorjährigen) Trieb: Schneidet man Sträucher, die am einjährigen (= vorjährigen) Trieb blühen jährlich im Frühjahr komplett zurück, entfernt man damit auch einen gro-

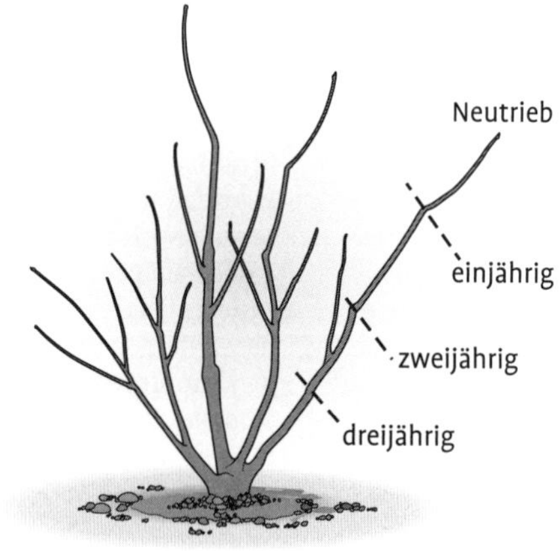

Wenn man genau hinsieht, kann man die Übergänge vom Neutrieb zum einjährigen und vom einjährigen zum zweijährigen Trieb usw. erkennen. So ist es möglich, das Alter eines Leittriebes zu bestimmen. Der Neuzuwachs befindet sich an der Triebspitze.

ßen Teil der Blütenknospen, da diese bereits im Vorjahr angelegt wurden. Der beste Schnittzeitpunkt ist hier in der Regel direkt nach der Blüte. Dabei sollten Neutriebe, die ja im kommenden Jahr einjährig sind, weitgehend geschont werden. Typische Beispiele sind der Braut-Spierstrauch oder die Blut-Johannisbeere.

Blüten am mehrjährigen Trieb: Alle Triebe, die älter als 2 Jahre sind, bezeichnet man auch als mehrjährige oder ältere Triebe. Hier ist zum Erhalt der Blütenbildung kein jährlicher Schnitt notwendig, es genügt ein (gelegentliches Auslichten) des Strauches, um die Vitalität zu erhalten. Ein starker, regelmäßiger Rückschnitt würde dazu führen, dass die Blühwilligkeit über Jahre stark reduziert oder verhindert wird. Die Kolkwitzie oder die Zierquitte gehören zu dieser Gruppe. Auch die Forsythie könnte man hier einordnen. Allerdings bringt hier das jährliche Entnehmen der am stärksten geblühten (dreijährigen) Triebe ein intensiveres Blütenbild.

Wenn Sie die Art der Blütenbildung eines Strauches kennen, wissen Sie auch, wie und wann Sie schneiden müssen.

Wachstumsregeln

Die Wachstumsregeln sind wichtige Richtlinien, die die Neutriebbildung und die Verzweigung eines Gehölzes nach einem Schnitteingriff aufzeigen. Sie sind bei der Durchführung von Schnittmaßnahmen zu berücksichtigen und machen es leichter, Wuchsreaktionen der Sträucher zu verstehen.

Die grundsätzlichen Wachstumsregeln zu kennen, hilft dabei, Reaktionen der Ziersträucher auf Schnittmaßnahmen besser zu verstehen und Schnittfehler zu korrigieren.

Akrotonie (Spitzenförderung)

Diese Wuchsform ist insbesondere bei baumartig wachsenden Gehölzen zu finden. Das Hauptwachstum erfolgt durch Triebknospen im Spitzenbereich, da diese am besten mit Nährstoffen versorgt werden. Die Länge der Seitentriebe nimmt nach unten kontinuierlich ab. Je steiler ein Trieb steht und je dicker er ist, umso stärker ist sein Wachstum. Starker Rückschnitt führt fast immer zum Verlust des natürlichen Erscheinungsbildes.

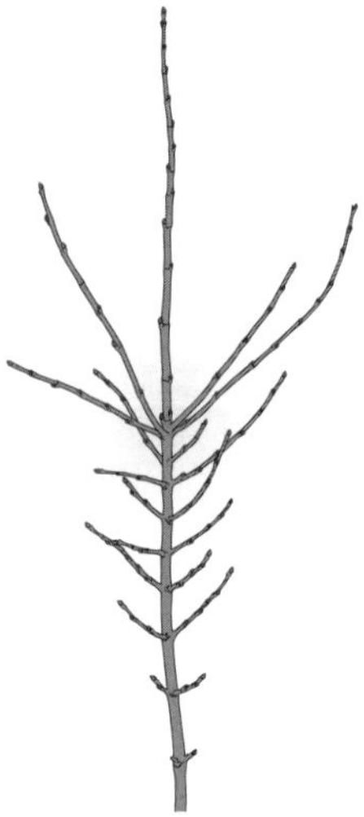

Akrotonie: Die Triebspitze und die obersten Seitentriebe bekommen am meisten Nährstoffe und wachsen daher am stärksten. Die Wuchsstärke der Seitentriebe nimmt nach unten hin immer mehr ab.

Basitonie (Basisförderung)

Bei einem Strauch mit Basitonie bilden sich die Jungtriebe bodenbürtig aus der Basis heraus. Die Verzweigung der Einzeltriebe erfolgt aber baumähnlich, also akroton (siehe Akrotonie). Ein starker Rückschnitt ist in der Regel nicht sinnvoll, da er zum Verlust der natürlichen Wuchsform führt.

Basitonie: Neutriebe werden nur an der Basis (aus dem Boden heraus) gebildet.

Ausnahmen sind Pflanzschnitt oder starke Verjüngung (auf den Stock setzen) bzw. Verwendung des Gehölzes als Formhecke. Der Erhaltungsschnitt eines basiton wachsenden Strauches kann durch Auslichten, also das Herausnehmen einzelner, älterer Triebe aus der Basis, erfolgen. Es werden aber im Allgemeinen keine Triebe eingekürzt.

Achtung: Die meisten Ziersträucher sind nicht veredelt und somit handelt es sich beim Neuzuwachs aus der Basis heraus nicht um Wildtriebe. Man entfernt diese Triebe daher nicht komplett, sondern lichtet nur aus. Sie dienen zur Erneuerung des Strauches.

Ein starker Rückschnitt würde bei einzeln stehenden basiton wachsenden Sträuchern die natürliche Wuchsform vernichten.

Mesotonie (Scheitelpunktförderung)

Die Triebe einiger Sträucher senken sich im Laufe ihres Wachstums und mit zunehmendem Alter immer mehr ab. Am höchsten

Mesotonie: Es entstehen Neutriebe an der Basis, aber auch auf der Oberseite von abgesenkten, älteren Trieben, auf die man zur Verjüngung ableiten kann.

Punkt des Bogens, am Scheitelpunkt, entsteht eine Förderung der Reserveknospen, die dann einen Neutrieb ausbilden. Die Neutriebbildung findet daher auch im mittleren Bereich, an der Oberseite älterer, meist leicht abgesenkter Triebe statt. Gleichzeitig werden auch Neutriebe direkt aus der Strauchbasis heraus gebildet. Der Erhaltungsschnitt kann wie bei der Basitonie durch Herausnehmen älterer Triebe erfolgen, jedoch ist auch ein Absetzen auf einzelne, günstig stehende Neutriebe im mittleren Bereich (Scheitelpunkte) des Strauches möglich.

Reaktion auf Rückschnitt

Ein starker Rückschnitt führt zu einem starken Austrieb aus wenigen, verbleibenden Knospen. Wird dagegen nur wenig oder nicht zurückgeschnitten, bleibt eine Vielzahl von Knospen erhalten, die schwach austreiben, da sich die Energie auf viele „Verbraucher" verteilen muss. Dies spielt beispielsweise auch eine Rolle beim Rückschnitt von Beet- und Strauchrosen oder beim Pflanzschnitt allgemein.

Die Stärke des Rückschnitts beeinflusst Anzahl und Ausmaß der folgenden Neutriebe.

schwacher Rückschnitt

starker Rückschnitt

Bei schwächerem Rückschnitt (links) erhält man aus entsprechend mehr verbleibenden Knospen viele, dafür aber schwächere Neutriebe. Bei einem starken Rückschnitt (rechts) entstehen aus wenigen Knospen auch wenige, dafür aber kräftige Triebe.

Schnittmaßnahmen

Es ist notwendig, dass Sie die verschiedenen Schnittmaßnahmen voneinander unterscheiden können, denn jeder Eingriff verfolgt einen bestimmten Zweck.

Nicht nötig, nicht sinnvoll

Im Gegensatz zu den baumartig wachsenden Gehölzen kann bei den meisten Ziersträuchern das Thema **Erziehungsschnitt** vernachlässigt werden, da keine Kronenform erzogen werden muss. Stark vergreiste Sträucher, die kaum noch Neutriebe machen, können Sie aber durch einen starken Rückschnitt (Verjüngung durch Auf-den-Stock-setzen) neu aufbauen (siehe Verjüngungsschnitt, Seite 15).

Oft zu beobachten, aber dennoch falsch ist es, allen Sträuchern jährlich einen **„Bubikopf“** zu verpassen. Dies führt zum Verlust der natürlichen Wuchsform und Neutriebe werden nur noch an den Triebspitzen gebildet.

Ein typisches Beispiel eines fehlerhaften Verjüngungsschnittes. Die überalterten Triebe wurden belassen, oben gekappt und die Neutriebe an der Basis entfernt. Durch einen solchen „Bubikopfschnitt“ verliert der Strauch sein natürliches Erscheinungsbild und verkahlt an der Basis.

Nicht selten bleibt die Blüte aus. Dieser Heckenschnitt ist nur bei Formhecken sinnvoll, wo nicht auf die natürliche Erscheinungsform, sondern auf dichtes Wachstum (Sichtschutz) Wert gelegt wird.

Pflanzschnitt

Dies ist der erste Schnitt an einem Gehölz, der nach der Pflanzung erfolgt. Er soll den Wurzelverlust bei der Pflanzung ausgleichen und die Verzweigung fördern. Es handelt sich um einen mehr oder weniger starken Rückschnitt aller Triebe, der die verbleibenden Knospen zum Austrieb anregt.

Ein starker Pflanzschnitt ist insbesondere bei Sträuchern, die wenig Wurzelmasse haben, wichtig oder bei Pflanzen, die wurzelnackt (ohne Ballen) gesetzt werden. Da die Wurzeln die oberirdischen Teile mit Wasser und Nährstoffen versorgen, muss das Gleichgewicht zwischen „Oben und Unten" wieder einigermaßen hergestellt werden. Containerpflanzen mit guter Durchwurzelung brauchen in der Regel keinen starken Rückschnitt, nur maßvolles Auslichten ist hier angebracht.

Da der Pflanzschnitt bei fast allen Ziersträuchern nach denselben Gesetzmäßigkeiten ver-

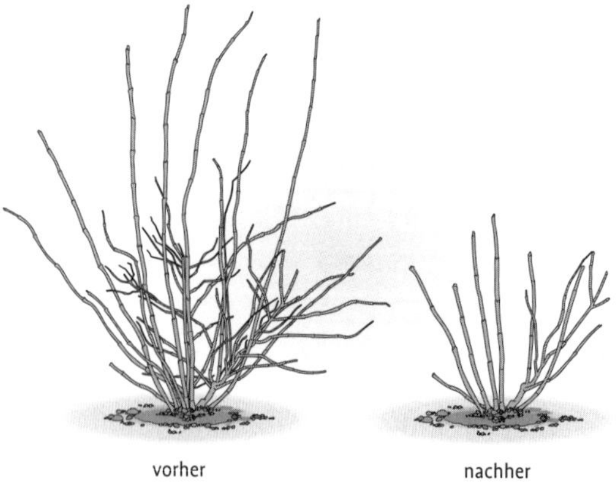

Auch wenn es Überwindung kostet, von einem neu gepflanzten Zierstrauch gleich wieder etwas abzuschneiden: Bei wurzelnackten Neupflanzungen ohne Ballen ist es notwendig, die Triebe um etwa ein Drittel einzukürzen. Dadurch wird die geringe Wurzelmasse ausgeglichen, das Anwachsen erleichtert und die Verzweigung gefördert.

Sträucher mit Wurzelballen im Container und mit locker aufgebautem Habitus müssen nach dem Pflanzen nur wenig ausgelichtet werden. Ein Rückschnitt der Triebe wird in der Regel nicht durchgeführt.

läuft, wird er in diesem Buch nicht mehr bei allen aufgeführten Sträuchern im Einzelnen beschrieben!

Wurzel- und Triebmasse sollten immer in einem ausgewogenen Verhältnis zueinander stehen. Der Pflanzschnitt hilft hierbei.

Erhaltungsschnitt

Der Erhaltungsschnitt ist notwendig, um die Blühwilligkeit und eine maßvolle Neutriebbildung zu sichern. Diese Maßnahme ist in der Regel nicht jedes Jahr notwendig. Wichtig hierbei: Die natürliche Wuchsform soll erhalten bleiben. Der Erhaltungsschnitt soll für eine stete Erneuerung des Blütenholzes sorgen und die Vitalität des Strauches erhalten. Die Blütenbildung kann von Strauch zu Strauch sehr unterschiedlich sein. So blühen manche Sträucher am Neutrieb, andere dafür eher an älteren Zweigen (siehe Kapitel *Art der Blütenbildung*). Der Schnittzeitpunkt spielt dabei eine entscheidende Rolle.

Der Erhaltungsschnitt bewahrt die Vitalität des Strauches und sorgt für reiche Blütenfülle.

vorher nachher

Beim Erhaltungsschnitt werden die ältesten (dicksten) Triebe an der Basis herausgeschnitten. Zu zahlreiche Jungtriebe werden etwas ausgelichtet, aber keinesfalls komplett entfernt.

Bestimmte Sträucher verjüngen sich so gut wie nicht aus der Basis heraus und verhalten sich bei der Neutriebbildung eher baumartig. Solche Sträucher sollten Sie nur vorsichtig auslichten.

Einige strauchartig wachsende Gehölze verfügen über so gut wie keine Adventivknospen (Wurzelknospen) und bilden somit wenig bis gar keine Neutriebe aus dem Boden heraus. Gleichzeitig sind an der Basis der älteren Triebe keine Reserveknospen vorhanden, die bei starken Schnitteingriffen austreiben. Das bedeutet, dass bei stärkeren Rückschnitten ins mehrjährige Holz nur sehr gering und verzögert neue Triebe ausgebildet werden. Daher ist hier beim Schneiden Zurückhaltung angesagt und man sollte möglichst nur vorsichtig auslichten und starke Verjüngungsmaßnahmen unterlassen. Typische Vertreter sind z. B. Fächer-Ahorn (*Acer palmatum*), Zaubernuss (*Hamamelis*), Goldregen (*Laburnum*) und Felsenbirne (*Amelanchier*).

Verjüngungsschnitt

Beim Verjüngungsschnitt will man durch stärkere Eingriffe ins ältere Holz die Neutriebbildung überalterter Gehölze anregen. Bei der **Totalverjüngung** wird ein Strauch auf den Stock gesetzt, d. h. auf kurze Stummel zurückgeschnitten. Das vertragen allerdings nicht alle Gehölze, insbesondere Nadelgehölze (Ausnahme Eibe) sterben bei Schnitten ins Altholz ab, auch bei Zaubernuss und Goldregen ist dies häufig der Fall. Prinzipiell ist diese Schnittmaßnahme nur für Sträucher geeignet, die willig aus dem alten Holz Neutriebe bilden. Der Strauch muss sich wieder völlig neu aufbauen, wird also in die Jugendphase zurückversetzt. Eine **maßvolle Verjüngung** bei basiton

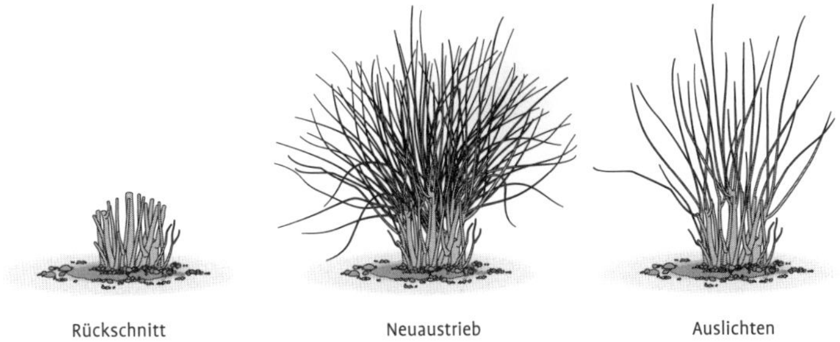

Stark überalterte Sträucher, die willig aus dem alten Holz Neutriebe bilden, kann man wieder neu aufbauen, in dem man alle Äste auf etwa 30–50 cm Höhe zurücknimmt. Es bilden sich sehr viele Jungtriebe, die im Folgejahr ausgelichtet werden müssen.

und mesoton wachsenden Sträuchern führen Sie durch, indem Sie die Astschere zur Hand nehmen und an der Gehölzbasis die ältesten (dicksten) Triebe herausschneiden. Dadurch ergibt sich ein lockerer, natürlicher Neuaufbau des Strauches (siehe hierzu auch das Kapitel *Erhaltungsschnitt*). Das in größeren Abständen erfolgende Entfernen der ältesten Triebe an der Basis ist bei vielen Ziersträuchern die beste Verjüngungsmaßnahme. Dagegen bewirkt ein regelmäßiger Rückschnitt ins ältere Holz (Einkürzen) einen dichten Wuchs, der eigentlich nur bei Hecken gefragt ist. Eine Ausnahme bilden Sträucher die am Neuaustrieb blühen. Hier soll der Neuzuwachs die Blütenfülle sichern.

Nicht alle Gehölze kommen mit einem starken Rückschnitt ins alte Holz zurecht. Insbesondere Nadelgehölze (mit Ausnahme der Eibe) und bestimmte Laubgehölze haben hier größte Schwierigkeiten.

Schnittwerkzeuge

Um einen fachgerechten Schnitt durchzuführen, sind bestimmte Schnittwerkzeuge notwendig. Geräte von guter Qualität und mit scharfen Klingen erleichtern hierbei die Arbeit und tragen durch saubere Schnitte zur Pflanzengesundheit bei. Das Angebot von Gartenwerkzeugen ist sehr groß, generell gilt aber: Hochwertige sowie langlebige Geräte haben ihren Preis und nicht immer ist das Billigprodukt die richtige Wahl. Im Garten kommen abhängig von der Triebstärke verschiedene Scheren und Sägen zum Einsatz.

Regelmäßiges Schärfen, Schmieren und Reinigen der Schnittwerkzeuge ist sehr empfehlenswert!

Handscheren

Mit der Hand- oder Gartenschere können Sie Äste bis etwa 1,5 cm Durchmesser problemlos schneiden. Grundsätzlich unterscheidet man Bypass- und Ambossscheren. Da sich bei der Bypassschere beide Klingen bewegen, erzielt man einen glatten, sauber geführten Schnitt. Ambossscheren haben nur eine Klinge, die sich auf den starren Amboss zubewegt, dadurch kann es bei verholzten Trieben schneller zu Quetschungen kommen. Wichtig ist, dass alle Teile auswechselbar und einzeln nachzukaufen sind. Übrigens gibt es auch Handscheren für Linkshänder.

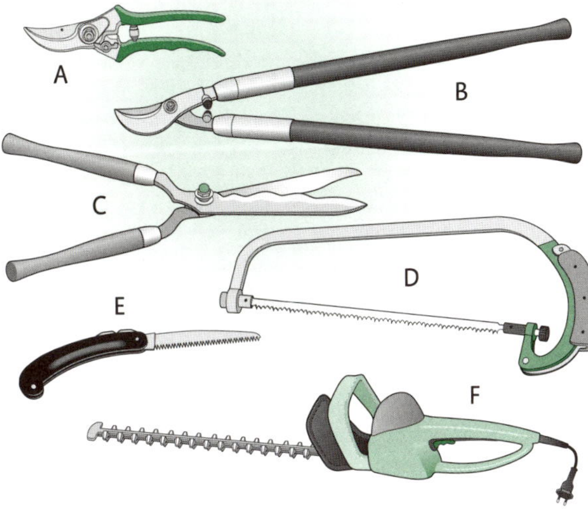

Das Angebot an Gartenwerkzeugen ist riesig. Am häufigsten Verwendung finden Gartenschere (A), Astschere (B), Hand- bzw. Motor-Heckenschere (C + F), Bügelsäge (D) und Schwertsäge (E).

Astscheren

Beim Sträucherschnitt sind Astscheren unabdingbar. Für stärkere Zweige bis etwa 5 cm Durchmesser eigenen sie sich sehr gut. Sie haben den Vorteil, dass man Sträucher im Stehen auslichten kann. Auch hier ist, aus oben genannten Gründen, eine Bypassder Ambossschere vorzuziehen.

Astscheren gibt es mit unterschiedlichen Längen. Je länger die Holme sind, umso größer ist die Kraft die man ausüben kann. Allerdings ist eine weit geöffnete Astschere mit langen Holmen innerhalb des Strauches sperrig. Außerdem verbiegen diese im Dauereinsatz leichter. Alternativ gibt es Astscheren mit in der Länge verstellbaren Holmen.

Heckenscheren

Für den Schnitt von Formhecken brauchen Sie spezielle Heckenscheren. Die Hand-Heckenschere ist für kleinere Hecken sehr gut geeignet, man benötigt aber etwas Fingerspitzengefühl und Übung. Für größere Heckenflächen sind Scheren mit „Mähbalken“ die bessere Wahl. In der Regel sind diese Geräte elektrisch betrieben, wobei die Kabel bei der Arbeit hinderlich sein können. Inzwischen gibt es aber auch empfehlenswerte Akkugeräte auf dem Markt. Bei ihnen spielt neben dem Preis das Verhältnis zwischen Gewicht und Leistung eine entscheidende Rolle. Viele Profis bevorzugen immer noch Heckenscheren mit Benzinmotoren.

Bügelsägen

Bügelsägen mit verstellbarem Sägeblatt sind die klassischen Werkzeuge in der Obstbaumpflege, mit denen man auch stärkere Äste in der Krone entfernen kann. Beim Ziersträucherschnitt sind sie manchmal unhandlich und kommen deshalb etwas seltener zum Einsatz.

Schwertsägen (Zugsägen)

Sehr gut bewährt haben sich sogenannte Zugsägen. Diese Sägen werden nur in eine Richtung nach hinten (auf Zug) geführt. Sie ermöglichen sehr schnelle und saubere Schnitte und sind wegen ihrer geringen Größe und dem fehlenden Bügel im Strauchinneren handlicher. Allerdings muss man aufpassen, dass die Klinge während der Vorwärtsbewegung nicht einklemmt, da sie sonst abbrechen kann. Durch den innen liegenden Schliff der einzelnen Zähne bleiben diese Werkzeuge lange scharf. Lässt sich das Sägeblatt wie bei einem Taschenmesser in den Griff einklappen, spricht man von einer Klappsäge. Wegen ihrer geringeren Verletzungsgefahr sind Klappsägen sehr zu empfehlen.

Schnitttechnik

Eine saubere Schnittführung ist beim Ziersträucherschnitt unabdingbar, weil dadurch eine schnellere Wundheilung erzielt wird und Krankheitserreger nicht so schnell eindringen können. Wie bereits bei den Schnittwerkzeugen erwähnt, ist dabei gute Werkzeugqualität und eine scharfe Klinge eine wichtige Voraussetzung. Werden stärkere Seitenäste entfernt, sollte ein Astring (Astkragen) stehen bleiben. Beim Schnitt auf Knospe sollten Sie den Schnitt leicht schräg vom Auge weg führen. Schneiden Sie nicht zu knapp am Auge, weil dieses

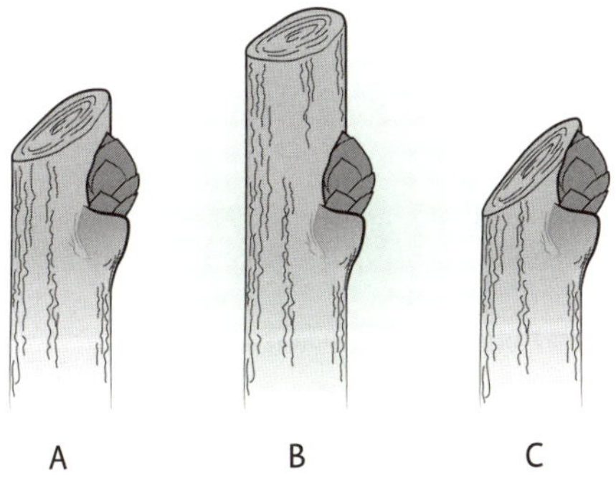

Schnitt auf Knospe: A = richtiger Abstand zur Knospe; B = zu viel Abstand zur Knospe; C = zu knapp über der Knospe.

sonst eintrocknen kann. Ideal ist ein Abstand von etwa 0,5 cm.

Beim Zurückschneiden empfiehlt es sich, ein Auge nach außen zu wählen, um den Strauch locker aufzubauen. Schneidet man oberhalb dieses Auges, wächst der neu austreibende Zweig nach außen und nicht nach innen. Beim Herausnehmen stärkerer Triebe aus der Basis sollte man möglichst keine größeren Stummel stehen lassen. Eine Ausnahme besteht beim Auf-den-Stock-setzen, weil man hier möglichst viele Neutriebe erzielen möchte.

Beachten Sie auch, dass das Abschneiden eines Astes leichter fällt, wenn man die Schere ganz öffnet und den hinteren Bereich der Klingen einsetzt.

Schneiden Sie nicht nur mit der „Scherenspitze“, sondern eher mit dem hinteren Teil der Klingen. So geht’s einfacher.

Was muss ich wann und wie schneiden?

Im Folgenden werden Erhaltungsschnittmaßnahmen an häufig im Garten gepflanzten Ziersträuchern zu Gruppen zusammengefasst und näher erläutert. Bitte vergleichen Sie hierzu auch das Kapitel *Schnittmaßnahmen* mit dem Unterpunkt *Erhaltungsschnitt* (siehe Seite 13). Der Erhaltungsschnitt kann je nach Art des Zierstrauches unterschiedlich sein. Wer im Garten wenig Zeit für Schnittmaßnahmen investieren möchte, sollte diesen Wunsch bereits bei der Auswahl der Gehölze mit berücksichtigen.

Besser gar nicht schneiden

In diese Gruppe gehören Gehölze, die ihre Blüten in der Regel am älteren Holz bilden und durch regelmäßige Schnittmaßnahmen ihre natürliche Wuchsform und Blühwilligkeit verlieren. Teilweise können stärkere Schnittmaßnahmen auch zu Wuchsdepressionen oder zum Absterben (Anfälligkeit für Holzpilze) führen. Die Regeneration aus schlafenden Augen (Reserveknospen) ist häufig nicht gegeben. Solche Sträucher sind besonders bei Gartenbesitzern beliebt, die möglichst wenig Zeit mit dem Schnitt der Sträucher verbringen möchten.

Sträucher, die gar nicht oder nur in größeren Abständen geschnitten werden sollten, eignen sich natürlich sehr gut für pflegeleichte Gärten.

Japanische Aralien (Aralia elata)

Aralien kommen in den Gärten nicht sehr häufig vor. Sie sind aber typische Vertreter von Sträuchern, die durch einen Schnitt ihre natürliche Erscheinungsform einbüßen. Außerdem wird durch Rückschnitt die Ausbildung von Wurzelausläufern gefördert.

Der schirmförmig und langsam wachsende Großstrauch wird bis zu 5 m hoch und fast 3 m breit. Er bildet ansprechende, weiße, doldenähnliche Blütenstände aus, die vom August bis in den September hinein blühen. Schnittmaßnahmen führen – neben dem

Verlust des typischen, etwas bizarren Wuchses – dazu, dass die Blüte ausbleibt. Die dekorativen Blätter der Aralie („Teufel's Krückstock“) erfreuen durch eine hübsche Herbstfärbung. Wenn die Aralie über die Jahre zu groß werden sollte, ist ein Neuaufbau durch starken Rückschnitt möglich, allerdings ist dann mit den genannten, negativen Auswirkungen zu rechnen.

Gewöhnlicher Goldregen (Laburnum anagyroides)

Der Goldregen nimmt Schnitteingriffe ins stärkere (ältere) Holz übel. Dies gilt insbesondere beim Schnitt im Winter. Die Wundheilung ist dann mangelhaft, große Wunden werden kaum verschlossen und Holzpilzinfektionen sind so Tür und Tor geöffnet. Nicht wenige Exemplare gehen an den beschriebenen Maßnahmen zugrunde. Auch sogenannte Wundverschlussmittel sind hier nicht die Lösung des Problems. Daher sollten Sie generell größere Schnittwunden vermeiden!

Müssen dennoch einzelne Äste entfernt werden, sollte das ausschließlich im Sommer stattfinden. Wenn Sie möchten, können Sie direkt nach der Blüte die vertrockneten Büschel abschneiden und damit die Selbstaussaat am Boden vermeiden und die Blühwilligkeit fördern. Der Alpen-Goldregen und die Kreuzung aus Gewöhnlichem Goldregen und Alpen-Goldregen (= Edel-Goldregen, *Laburnum* × *watereri* 'Vossii') sind schnitttechnisch ähnlich zu beurteilen.

Achtung: Goldregen ist an allen Pflanzenteilen sehr giftig und sollte daher an Kindergärten und Spielplätzen nicht gepflanzt werden!

Blumen-Hartriegel (Cornus florida)

Der Blumen-Hartriegel bildet im Mai eine üppige, sehr dekorative Blüte aus. Die weißen bis rosaroten „Blüten“ sind genau genommen Hochblätter, wobei die eigentlichen Blüten unscheinbar grünlich sind und kaum auffallen. Erwähnenswert ist ebenfalls die attraktive Färbung der Blätter im Herbst.

Der Blumen-Hartriegel kann auf nährstoffreichen Böden ausladend werden. Allerdings ist er, besonders nach der Pflanzung, durch sein flach verlaufendes Wurzelwerk empfindlich gegen Trockenheit, wässern ist dann unbedingt notwendig. Der Strauch wächst sehr langsam und bildet dabei eine typische, dekorative Wuchsform aus. In der Regel ist kein Schnitt notwendig, da man das Wachstum ansonsten sehr stark anregt und das Erscheinungsbild verloren geht. Auch die Blühwilligkeit lässt dann zugunsten des Triebwachstums deutlich nach. Besonders reizvoll in der Gartengestaltung ist auch der Rote Blumen-Hartriegel (*Cornus florida* 'Rubra'), eine Sorte, für die in puncto Schnitt dasselbe gilt wie für die Art.

Schirmbambus in Sorten (Fargesia)

Genau genommen gehört Bambus nicht zu den Ziergehölzen, sondern zu den Süßgräsern. Er ist im Garten wegen seiner vielen Ausläufer mit Vorsicht zu genießen. Das gilt insbesondere für *Phyllostachys*-Arten. Besser geeignet sind die Arten der Gattung *Fargesia* (Schirmbambus). An ihnen sollte aber jeglicher Rückschnitt unterbleiben, weil die Optik darunter stark leidet. Einzelne Triebe können – am besten im Sommer – ab und zu an der Basis entfernt werden, Neutriebe sollten aber geschont werden.

Gewöhnlicher Seidelbast (Daphne mezereum)

Der aufrecht wachsende, wenig verzweigte Kleinstrauch erreicht eine Höhe von etwa 1 m. Er fühlt sich auf humosen, leicht kalkhaltigen Böden besonders wohl. Im März/April erscheinen die dekorativen, üppigen Blüten in dunklem Rosa bis hin zu intensivem Rot. Die ebenfalls optisch reizvollen, glänzenden, roten Beeren schmücken den Strauch dann ab Juni. Es ist kein Schnitt notwendig und sinnvoll, denn sonst geht die Blüte verloren. Vergreiste oder abgestorbene Triebe können bei Bedarf auf passende Seitenverzweigungen abgeleitet werden. Der Seidelbast gehört zu den hoch giftigen Pflanzen, und das betrifft alle Pflanzenteile!

Achtung: Seidelbast ist hoch giftig. Das gilt auch für die glänzenden roten Beeren.

Hybrid-Zaubernuss (Hamamelis × intermedia)

Hamamelis × intermedia ist eine Kreuzung der Arten *Hamamelis mollis* und *Hamamelis japonica*. Lockere, leicht saure Böden mit guter Wasser- und Luftführung sind wichtig für ein gutes Wachstum. Für schwere und vernässende Böden ist die Zaubernuss-Art nicht geeignet. Ideal ist eine leichte Mulchschicht im Wurzelbereich. Der attraktive Winterblüher öffnet seine Blüten teilweise bereits im Dezember/Januar vor dem Blattaustrieb.

Bei allen Zaubernuss-Arten sollte man die Schere besser ganz weglassen, da sie sich aus der Basis so gut wie nicht verjüngen und eine geringe Regenerationsfähigkeit aus dem alten Holz besitzen. Auch die Blüten sind optisch am reizvollsten ohne Schnitt und nehmen so von Jahr zu Jahr an Fülle zu.

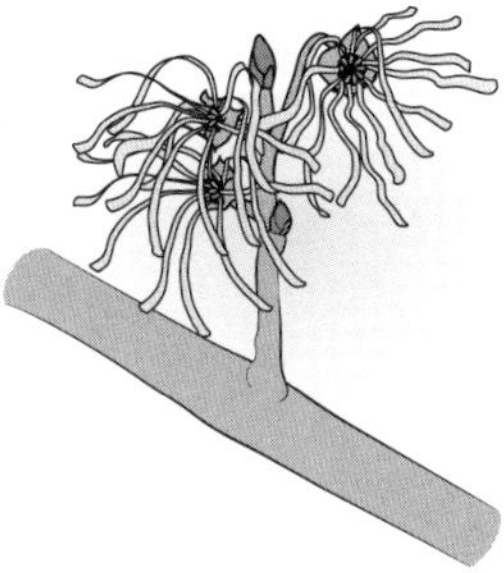

Die Blüten der Zaubernuss bilden sich an Kurztrieben, die aus dem alten Holz entspringen.

An der Basis des Zaubernuss-Strauches werden keine neuen Triebe gebildet.

Nur ab und zu schneiden

Die Blühwilligkeit dieser Sträucher bleibt mehrere Jahre, auch ohne regelmäßigen Schnitt, erhalten. Auch die Verzweigung und die Jungtriebbildung finden kontinuierlich statt. Wer in den Schnitt nicht so viel Zeit investieren möchte, sollte die hier aufgeführten Sträucher für den Garten bevorzugen.

Deutzien (Deutzia magnifica, D. scabra)

Die meisten Deutzien, die man üblicherweise in den Gärten vorfindet, gehören zu den stärker wachsenden Formen. Schnittmaßnahmen sind hier nur etwa alle 4 Jahre nötig. Sie verzweigen sich mesoton, sodass sie nach mehreren Jahren Standzeit relativ dicht und sparrig werden können. Ältere Triebe beginnen dann von unten her zu verkahlen. Es empfiehlt sich Ende Februar zwei bis drei der dicksten Triebe ganz an der Basis zu entfernen. Auch können überhängende ältere Triebe auf den nächstpassenden Ständertrieb zurückgenommen werden. Bei vergreisten Sträuchern ist auch eine Totalverjüngung (Auf-den-Stock-setzen) problemlos möglich. Die kleiner bleibenden Vertreter der Deutzien sollte man alle 2 Jahre etwas auslichten und drei bis vier der ältesten Triebe komplett entnehmen.

Mittelmeer-Feuerdorn (Pyracantha coccinea)

Der Feuerdorn wächst gleichmäßig und sorgt auch ohne Schnitt für genügend Verzweigung und Jungtriebbildung. Auch die Blüten- und Fruchtbildung ist ohne Schnittmaßnahmen regelmäßiger. Daher werden Sträucher im Einzelstand am besten gar nicht geschnitten. Allerdings sind die Sträucher sehr schnittverträglich und können auch als Hecke erzogen werden. Wenn geschnitten wird, dann am besten während des reizvollen Fruchtschmucks. So kann man maßvoll auslichten, ohne dass dies optisch sichtbar wird, und die fruchttragenden Zweige sind noch für Deko-Zwecke verwendbar. Der Feuerdorn gehört zu den Wirtspflanzen des Feuerbrandes (eine durch Bakterien verursachte Krankheit), ist aber nur gering anfällig.

Falscher Jasmin (Philadelphus coronarius)

Jährliche Schnittmaßnahmen sind beim Falschen Jasmin oder Gewöhnlichen Pfeifenstrauch nicht notwendig. Ein Auslichten alle 2 bis 3 Jahre ist sinnvoll, schonen Sie dabei aber die Langtriebe. Da sich der Strauch mesoton verzweigt, kann er sowohl in der Breite als auch in der Höhe sehr ausladend werden. Zwei bis drei ältere Triebe (die dicksten) im genannten zeitlichen Abstand ganz zu entfernen, reicht meist aus. Die verbleibenden Triebe sollte man aber nicht zurückschneiden, sondern bestenfalls auf passende Seitentriebe zurücknehmen. Das Auslichten nehmen Sie am besten Ende Februar vor, es ist aber auch direkt nach der Blüte möglich. Siehe auch Abbildung Seite 9 (Mesotonie).

Kolkwitzie (Kolkwitzia amabilis)

Die Kolkwitzie wächst relativ langsam, kann aber mit der Zeit durch ihre überhängenden, üppig blühenden Zweige zu einer imposanten Erscheinung heranwachsen. Daher muss man ihr genügend Standraum zugestehen. Durch die kontinuierliche Selbstverjüngung und den langsamen Wuchs wird die Vitalität und die Blühwilligkeit der Kolkwitzie über Jahre auch ohne regelmäßigen Schnitt erhalten.

Am besten werden nur alle 3 bis 4 Jahre einzelne starke Triebe an der Basis komplett entfernt. Da die Kolkwitzie sehr langlebig ist und die Blühwilligkeit nur langsam nachlässt, ist ein regelmäßiger Verjüngungsschnitt nicht zwingend notwendig. Die oben beschriebenen Schnittmaßnahmen sind vollkommen ausreichend und können bereits direkt nach der Blüte erfolgen.

Sträucher wie die Kolkwitzie sind ideal für Gärtner, die wenig Zeit für die Pflege aufwenden möchten.

Gewöhnliche Mahonie (Mahonia aquifolium)

Die Mahonie wächst langsam und sollte nicht regelmäßig geschnitten werden. Gelegentliches Ausschneiden einzelner Triebe reicht völlig. Wenn die Sträucher aber von unten her kahl werden, sind auch stärkere Schnitteingriffe ohne Probleme möglich. Diese führt man am besten im Nachwinter aus, um die optisch attraktiven Beeren, die auch gerne von Vögeln angenommen werden, zu schonen.

Die Gewöhnliche Mahonie wird zu den Giftpflanzen gezählt, da ihre grünen Pflanzenteile und auch die Wurzeln Giftstoffe enthalten. Die Früchte sollen zwar weniger giftig sein, von einem Verzehr wird aber trotzdem deutlich abgeraten.

Pfaffenhütchen (Euonymus europaeus)

Als typisches Gehölz der freien Landschaft ist das Pfaffenhütchen genügsam und stellt keine besonderen Ansprüche an Boden und Standort. Die Früchte sehen mit etwas Fantasie wie Pfaffenhüte aus, daher rührt der deutsche Name. Die Blüte erscheint von Mai bis Juni und ist mit ihrer grünlich gelben Farbe relativ unscheinbar. Im Herbst trägt das Pfaffenhütchen jedoch schönes Laub in orangegelben bis dunkelroten Farbtönen. Und auch für Vögel ist dieser Strauch ein wertvolles Gehölz.

Die sommergrünen (laubabwerfenden) Arten werden am Ende des Winters alle 3 bis 4 Jahre nur etwas ausgelichtet, wobei man die ältesten, dicksten Triebe an der Basis entfernt. Starke Rückschnitte werden problemlos vertragen, sind aber meist nicht notwendig. Immergrüne Formen des Pfaffenhütchens benötigen weder Schere noch Säge. Das Pfaffenhütchen ist in allen Pflanzenteilen giftig.

In Kindergärten und Schulen werden bestimmte, giftige Gehölze nicht empfohlen. Hierzu gehören u. a. das Pfaffenhütchen, die Eibe, der Seidelbast und der Goldregen.

Gewöhnliche Schneebeere (Symphoricarpos albus)

Die weißen Beeren („Knallerbsen") der Schneebeere stehen dicht zusammen und hängen bis in den Winter hinein am Strauch, sodass die Schneebeere auch noch in dieser Jahreszeit ein attraktiver Strauch ist. Durch die Bildung vieler Wurzelausläufer ist sie ein Gehölz mit starker Ausbreitungstendenz. Man kann den Strauch zwar problemlos bis ins alte Holz zurückschneiden, jeder Schnitt verstärkt aber die Bildung von Ausläufern deutlich, sodass jede Schnittmaßnahme und letztlich auch der Standort des Strauches gut überlegt sein sollte. Am besten schneiden Sie in den ersten Jahren überhaupt nicht. Wenn ein Schnitt dennoch notwendig sein sollte, führen Sie ihn im Sommer durch.

Sträucher, die viele Wurzeltriebe bilden, können sich im Garten sehr schnell ausbreiten und es erfordert Zeit, sie durch regelmäßigen Schnitt zu bändigen.

Schmalblättriger Sommerflieder (Buddleja alternifolia)

Im Gegensatz zu seinem Verwandten, dem Gewöhnlichen Sommerflieder oder Schmetterlingsstrauch (*Buddleja davidii*) blüht der Schmalblättrige oder Hänge-Sommerflieder nicht am Neutrieb. Ein Rückschnitt vor der Blüte würde bedeuten, dass die Blüte ausbleibt. Ein Auslichten des basiton verzweigenden, prachtvollen Gehölzes ist nur in Abständen, also nicht jährlich notwendig.

Man kann das Auslichten im Sommer gleich nach der Blüte durchführen. Es genügt, zwei bis drei der ältesten (dicksten Triebe) komplett zu entnehmen. Bei schwachen Pflanzen mit geringer Wurzelbildung, die sich nach dem Pflanzen wenig verzweigen und kaum Zuwachs zeigen, kann ein kräftiger Rückschnitt (Pflanzschnitt) aller Triebe vor dem Austrieb das Wachstum anregen.

Nach der Blüte schneiden

Die Forsythie ist wohl das meistverbreitete Blütengehölz in unseren Gärten und *der* Frühlingsbote schlechthin. Sie ist ein klassisches Beispiel für Sträucher, die während bzw. kurz nach der Blüte geschnitten werden. Schnittmaßnahmen zu diesem Zeitpunkt haben den Vorteil, dass selbst Schnittanfänger gut erkennen können, an welchem Holz die Blüten gebildet werden.

Gewöhnlicher Flieder (Syringa vulgaris)

Beim Gewöhnlichen Flieder oder Garten-Flieder ist es wichtig, Verblühtes vor der Samenbildung zu entfernen. Direkt unterhalb des „alten“ Blütenstandes, der abgeschnitten wird, hat sich bereits ein neuer Trieb gebildet, der dann im kommenden Jahr die Blüte trägt. Beim Schnitt sollten Sie also aufpassen und diesen Neutrieb nicht wegschneiden und auch nicht einkürzen. Im Winter bzw. vor der Blüte dürfen die Triebspitzen nicht eingekürzt werden, da sich dort die Blütenknospen befinden.

Der Flieder verträgt problemlos eine starke Verjüngung bis ins alte Holz, falls er am Standort zu groß geworden ist oder er von unten her zum Verkahlen neigt. Die zahlreich erscheinenden Neutriebe müssen aber im kommenden Jahr ausgelichtet werden. Bis man wieder einen locker aufgebauten, reich blühenden Strauch erhält, vergehen dann mehrere Jahre. Besser ist es daher die Verjüngung auf mehrere Jahre zu verteilen. Entfernen Sie dafür direkt nach

Beim Ausschneiden von Verblühtem müssen Sie beim Flieder darauf achten, dass der Neutrieb, der sich bereits direkt unterhalb gebildet hat, nicht mit entfernt wird.

der Blüte bei drei bis vier Gabeltrieben die nach innen wachsenden Bereiche, so beugten Sie einem zu dichten Wuchs vor.

Alle Flieder bilden zahlreiche Wurzelausläufer, die eingedämmt werden müssen. Bei unveredelten Exemplaren können Sie einzelne dieser Triebe aufwachsen lassen, oder, wenn Sie wollen, auch eine gewisse Heckenbildung zulassen. Beim veredelten Flieder sind dagegen alle Wurzelausläufer (= Unterlagentriebe) zu entfernen.

Beim Flieder werden die Blütenknospen am Ende der einjährigen Triebe gebildet. Wenn man die Triebspitzen kurz vor der Blüte durch Rückschnitt entfernt, bleibt die Blütenpracht für dieses Jahr aus.

Garten-Forsythie (Forsythia × intermedia)

Die Forsythie, auch Goldglöckchen genannt, blüht überwiegend am zweijährigen und dreijährigen Holz. Die dreijährigen Triebe blühen am üppigsten, wobei die Blüte dann im Folgejahr deutlich nachlässt. Daher schneidet man die Triebe, die am stärksten geblüht haben (dreijährige), direkt nach der Blüte komplett heraus. Neutriebe werden weitgehend geschont und bei größeren Sträuchern nur etwas ausgelichtet.

Die Abbildung zeigt die Entwicklung von Forsythienzweigen und ihre Blütenbildung über mehrere Jahre. Während der Zweig im 3. Jahr in Vollblüte steht, beginnt er im 4. Jahr sich bereits nach unten zu neigen und auf dem Bogen Neutriebe auszubilden.

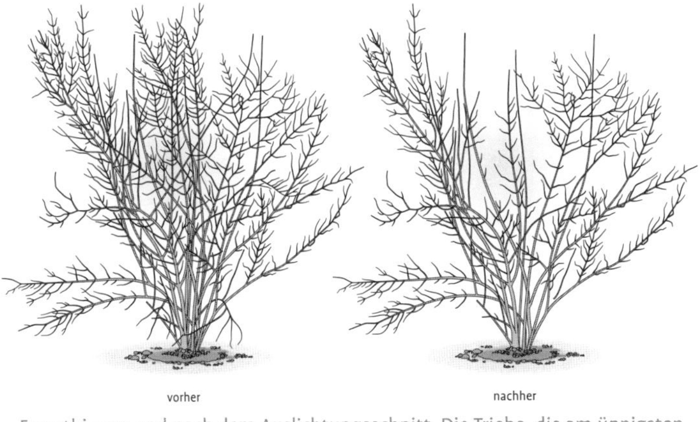

Forsythie vor und nach dem Auslichtungsschnitt. Die Triebe, die am üppigsten geblüht haben, wurden direkt nach der Blüte entfernt.

Die zweijährigen Triebe bilden im kommenden Jahr die Hauptblüte, müssen also geschont werden. Da sich die Forsythie mesoton verzweigt, kann man den einen oder anderen bogenartig überhängenden Alttrieb auch auf einen passenden Jungtrieb ableiten. Bei jahrelang ungeschnittenen, verwahrlosten Sträuchern kann man auch stark verjüngen bzw. auf den Stock setzen. Das Gehölz wird dann komplett neu aufgebaut. und eine Nachbehandlung, also Auslichten der vielen Neutriebe, ist im Folgejahr notwendig. Mit einer üppigen Blüte ist in diesem Jahr dann noch nicht zu rechnen.

Wenn Sie die Forsythie direkt nach der Blüte schneiden, können Sie am besten erkennen, welche Triebe entfernt werden müssen.

Garten-Hortensie (Hydrangea macrophylla)

Die Blütenknospen der Garten-Hortensie werden bereits im Vorjahr an den Triebspitzen angelegt, daher sollten Sie die Triebe im Frühjahr nicht stark zurückschneiden, weil Sie damit einen Großteil der Blütenknospen entfernen würden. Die abgeblühten Blütenstände werden direkt über dem obersten Knospenpaar abgeschnitten, weil diese meist Blütenknospen sind. Sie können das Verblühte aber auch über den Winter stehen lassen und erst im zeitigen Frühjahr entfernen. Gelegentliches Auslichten ist zudem sinnvoll. Dafür sollten Sie alte und schwache Triebe entfernen und kräftige Jungtriebe schonen. Auch starke Rückschnitte, z. B. nach Frostschäden, bis direkt über dem Boden sind möglich, dann fällt die Blüte aber für 1 Jahr komplett aus.

Blut-Johannisbeere (Ribes sanguineum)

Die Blut-Johannisbeere wächst basiton und bildet ihre Blüten überwiegend an einjährigen Langtrieben. Ältere Triebe verlieren rasch an Wuchsleistung und die Blütenbildung lässt dann nach, daher müssen diese regelmäßig durch Jungtriebe ersetzt werden, indem man direkt nach der Blüte auslichtet. Entfernen Sie dafür drei bis vier der dicksten Triebe. In der Folge werden viele Neutriebe aus der Basis entstehen. Sind es zu viele, können Sie diese reduzieren. Lassen Sie dabei nur die geradesten und kräftigsten stehen, krumme Triebe und solche, die außerhalb des eigentlichen Strauches entstehen, entfernen Sie bodennah.

Bei der Garten-Hortensie wird Verblühtes direkt über dem obersten Knospenpaar abgeschnitten. Schwache und überalterte Triebe werden ganz entfernt.

Achten Sie darauf, dass der Wuchs des Strauches aufrecht bleibt. Schneiden Sie Seitentriebe und Verzweigungen, die bodennah flach abgehen, komplett weg, da sie sonst bewurzeln und den Strauch unnötig in die Breite wuchern lassen. Auch ein regelmäßiges Zurückschneiden der abgeblühten Langtriebe direkt nach dem Verblühen auf passende Seitenverzweigungen ist möglich, aber aufwändig.

Ranunkelstrauch (Kerria japonica)

Die Kerrie bildet, insbesondere auf guten Standorten, gerne Ausläufer. Schneidet man die Pflanze, wie oft empfohlen wird, regelmäßig zurück, verzweigt sich der Strauch stark und die Ausläuferbildung wird zu sehr gefördert. Sehr schnell wird das Gehölz dann zu ausladend und muss dann wieder stark zurückgenommen werden. So entsteht ein gewisser „Teufelskreis“, der unnötig Arbeit verursacht. Besser ist es daher, die älteren Triebe des Ranunkelstrauches regelmäßig nur auszulichten, einjährige Triebe sollten Sie nicht zurückschneiden. Das Auslichten kann schon direkt nach der Blüte erfolgen, dann ist die Triebreaktion der Kerrie auch nicht zu stark.

Rhododendren (Rhododendron-Hybriden)

Die immergrünen *Rhododendron*-Sorten unserer Gärten benötigen keinen regelmäßigen Schnitt, denn die Blühwilligkeit und Vitalität dieser Gehölze hängt im Wesentlichen nicht vom richtigen Schnitt, sondern vom richtigen Standort ab. Pralle Sonne und Böden mit hohem Kalkgehalt sind eher ungeeignet. Es gibt bereits kalktolerantere Sorten, man darf aber nicht vergessen, dass die Rhodendren zu den Moorbeetpflanzen gehören und leicht saure, nicht zu schwere Böden bevorzugen. Daher wird ein Rhododendron im Schwarzwald immer besser wachsen als auf der Schwäbischen Alb.

Das regelmäßige Ausbrechen des Verblühten vor der Samenbil-

Verzweigt sich der Rhododendron zu wenig und zeigt Kahlstellen, kann ein stärkerer Schnitt ins ältere Holz für kompaktere Sträucher sorgen.

dung ist notwendig, um die Kraft für Triebwachstum und Blütenbildung zu erhalten. Aber Vorsicht: Die Blütenknospen sitzen an den Triebspitzen, welche daher geschont werden müssen. Der Rhododendron verträgt eine starke Verjüngung, die bei Verkahlungen oder Schäden durch Schneebruch notwendig sein kann. Idealer Schnittzeitpunkt ist nach der Blüte, will man jedoch einen starken Austrieb erreichen, schneidet man nach den strengsten Frösten im Februar/März. Allerdings wird dann die Blütenfülle darunter leiden.

In schneereichen Regionen müssen Rhododendren mit einem Schutz gegen Schneebruch versehen werden.

Schneeball (Viburnum-Arten)

Hier sind insbesondere der Gewöhnliche Schneeball (*Viburnum opulus*) und der Winter-Schneeball (*V. bodnantense*, Bodnant-Schneeball) zu nennen. Der Gewöhnliche Schneeball verjüngt sich überwiegend basiton. Ein Auslichten des Strauches alle paar Jahre, bei dem man zwei bis drei der dicksten Triebe an der Basis ganz entfernt, reicht aus, um die Blühwilligkeit zu erhalten. Ähnlich ist auch der Winter-Schneeball zu behandeln, der bereits im Januar seine duftenden Blüten entfaltet. In der Regel kann man die Sträucher auch im Sommer auslichten. Beim Winter-Schneeball empfiehlt sich das während der Blüte, so hat man dann auch noch einen Schmuck für die Vase.

Braut-Spierstrauch (Spiraea × arguta)

Der Braut-Spierstrauch blüht auf der ganzen Länge der Triebe, die im letzten Jahr gewachsen sind (einjährige oder vorjährige Triebe). Wenn man diese direkt nach der Blüte ausschneidet und die neu gebildeten Langtriebe schont, erreicht man eine regelmäßige und üppige Blüte.

Kleinblütige Tamariske (Tamarix parviflora)

Die Kleinblütige Tamariske blüht und wächst grundsätzlich auch ohne Schnitt, Eingriffe sind also nicht jährlich notwendig. Ältere Sträucher wachsen aber oft so sparrig und überhängend, dass ein stärkerer Rückschnitt empfehlenswert ist.

In den Gärten sieht man meistens die frühjahrsblühenden Tamarisken. Diese schneidet man am besten direkt nach der Blüte, indem man insbesondere die abgeblühten Triebe stark zurücknimmt. Die selteneren Sommerblüher (*Tamarix ramosissima*) werden kurz vor dem Austrieb im Februar/März verjüngt, da sie am Neutrieb blühen. Der Strauch sollte möglichst freistehen und benötigt genügend Standraum. Die zartrosafarbenen Blüten sind ein Traum, verrieseln aber schnell und regelmäßig. Das ist bei einem Standort direkt am Gehweg zu beachten, wenn man nicht ständig fegen möchte.

Liebliche Weigelie (Weigela florida)

Weigelien stellen keine besonderen Ansprüche an Standort und Boden. Die Pflanzen blühen allerdings in der Sonne etwas üppiger als im Halbschatten. Damit Weigelien vital bleiben und regelmäßig blühen, sollte hin und wieder ausgelichtet werden. Dabei schneidet man ältere und zu dicht stehende Triebe nach der Blüte knapp über dem Boden ab. So erhält man locker aufgebaute Sträucher. Ein Rückschnitt zur besseren Verzweigung ist in der Regel nicht notwendig, da die Weigelie willig Neutriebe aus der Basis (basiton) ausbildet. Alte, vergreiste Sträucher, die längere Zeit nicht geschnitten wurden und in ihrer Wuchsleistung stark nachlassen, kann man problemlos auch auf den Stock setzen. Dieser Radikalschnitt wird gut vertragen, sollte aber im Februar bis März erfolgen. Die dann zahlreich nachwachsenden Jungtriebe müssen bereits im Sommer ausgedünnt werden.

Kurz vor dem Austrieb schneiden

In dieser Gruppe finden sich Sträucher, die am Neutrieb blühen. Das bedeutet, dass der Trieb in einem Jahr austreibt und dann auch sofort blüht. Durch den jährlichen Rückschnitt bilden sich viele Neutriebe, die dann die Blüten ausbilden. Zu dieser Gruppe gehören viele Sommerblüher wie Gewöhnlicher Sommerflieder (Schmetterlingsstrauch), Johanniskraut, verschiedene Halbsträucher, die meisten Rosen und sommerblühenden Clematis-Hybriden.

Besenheide (Calluna vulgaris)

Dieser kleine Halbstrauch bevorzugt nährstoffarme, durchlässige Böden mit einem geringen Kalkgehalt, also eher saure Böden. Schwere, tonige Böden sind absolut ungeeignet. Natürliche Lebensräume der Besenheide sind Heiden, Moore, Dünen und lichte Wälder. Sonnige bis lichte Standorte werden von ihr bevorzugt. Ein Rückschnitt sollte jährlich im

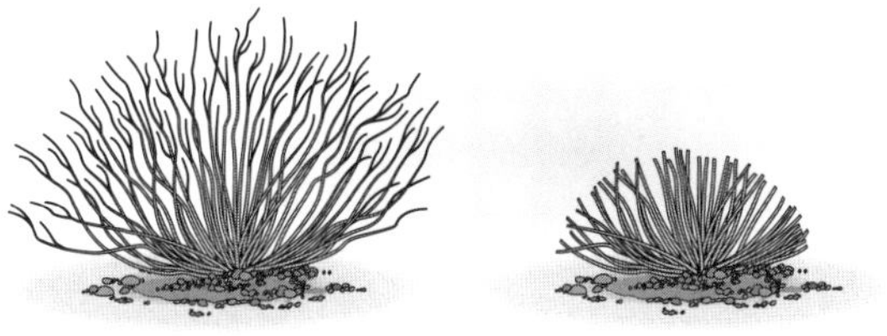

Schneiden Sie die Besenheide im Frühjahr kissenartig zurück, gehen Sie dabei aber nicht zu tief ins ältere Holz.

März/April erfolgen. Um die Blühwilligkeit zu erhalten, ist dieser regelmäßige Schnitt wirklich notwendig. Nehmen Sie dafür einfach eine Heckenschere. Häufig wird auch empfohlen, die Besenheide direkt nach der Blüte zu schneiden. Das ist grundsätzlich nicht falsch, man schneidet aber einen gewissen Winterschutz weg, auch beraubt man sich des zierenden Winterschmucks. Rückschnitte bis tief ins alte Holz sollten besser nicht durchgeführt werden, da ansonsten der Austrieb deutlich schwächer ausfällt.

Strauch-Eibisch (Hibiscus syriacus)

Dieser prachtvolle Blütenstrauch kann über 2 m hoch werden. Damit sich schwach verzweigte Jungpflanzen optimal verzweigen, müssen sie über mehrere Jahre relativ kräftig zurückgeschnitten werden.

Der Strauch-Eibisch blüht am Neutrieb. Hier werden die einjährigen (vorjährigen) Triebe auf etwa zwei bis drei Augen eingekürzt, um lange Blütentriebe zu bekommen. Der Rückschnitt sollte im März/April erfolgen. Seitenverzweigungen an den Haupttrieben können regelrecht auf Stummel zurückgenommen werden. Bei überalterten Exemplaren wird etwas ausgelichtet und Gabelbildungen werden entfernt. Hier sollte aber der Rückschnitt nicht zu stark erfolgen.

Breitblättriger Edel-Gamander (Teucrium chamaedrys)

Genau genommen gehört der Edel-Gamander nicht in diese Gruppe, da er nicht jährlich

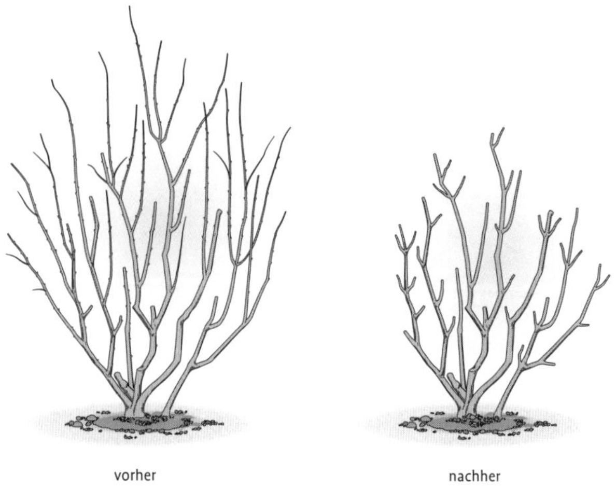

Kurz vor dem Austrieb werden die einjährigen Verzweigungen des Eibischs an den Haupttrieben auf wenige Knospen „gestummelt".

zurückgeschnitten werden muss. Der kleine Halbstrauch ist aber sehr schnittverträglich und wird durch regelmäßigen Schnitt kompakt gehalten. Schneidet man den Strauch gleich nach der Blüte nochmals zurück, erscheint ein weiterer Flor. Übrigens: Edel-Gamander lässt sich auch als kleine Hecke, z. B. in Bauerngärten als Abgrenzung von Beeten (ähnlich wie Buchs), erziehen.

Rispen-Hortensie (Hydrangea paniculata)

Die Rispen-Hortensie blüht wie viele Rosen oder der Schmetterlingsstrauch am Neutrieb. Nach den strengsten Frösten werden kurz vor Austriebsbeginn an stabilen älteren Gerüsttrieben, die mehrere Jahre im Strauch bleiben, die Vorjahrestriebe (Seitenverzweigungen) auf etwa 8–10 cm lange Zapfen zurückgenommen. Wird der Strauch zu groß, können Sie auch einmal stärker ins alte Holz zurückschneiden, es dauert dann allerdings ein paar Jahre, bis Sie wieder einen ansprechenden Strauch mit üppiger Blüte haben. Ideal ist es, wenn Sie die Gerüsttriebe auf etwa 70 cm Höhe erziehen.

Bei der Rispen-Hortensie werden die vorjährigen (einjährigen) Triebe auf Zapfen zurückgeschnitten. Am Neutrieb bilden sich dann die Blüten.

Johanniskraut (Hypericum-Sorten)

Das Großblumige Johanniskraut, die Sorte ‘Hidcote’, blüht von Juli bis Oktober intensiv gelb und ist pflegeleicht und anspruchslos. Lockere, durchlässige Gartenböden sind optimal, extreme Trockenheit wird allerdings schlecht vertragen. Die sommergrünen Johanniskraut-Arten und -Sorten schneidet man jährlich im zeitigen Frühjahr komplett auf etwa 5–10 cm über dem Boden zurück. Eine motorbetriebene Heckenschere ist dabei für größere Flächen gut geeignet. Immergrüne Formen benötigen keinen regelmäßigen Schnitt, allenfalls abgestorbene bzw. erfrorene Triebe sollten entfernt werden.

Echter Lavendel (Lavandula angustifolia)

Lavendel ist in der Regel gut frosthart und wird durch den richtigen Schnitt dicht und buschig. Geeignete Standorte sind sonnig und verfügen über einen lockeren, durchlässigen Boden. Schwere Böden sollten mit Sandgaben verbessert werden.

Der Echte Lavendel kann jedes Jahr, etwa Ende April, relativ stark zurückgeschnitten werden. So hält man den Halbstrauch kompakt und blühwillig und es entstehen keine zu stark verholzten Triebe. Außerdem verschiebt dieser Schnitt die Blüte etwas nach hinten, sodass man sich noch bis Ende Oktober an der Pracht und dem Duft erfreuen kann.

Schneidet man den Lavendel über Jahre nicht, wandert der verholzte Bereich immer weiter nach oben und die Büsche fallen auseinander. Zusätzlich muss man dann beim Schnitt vorsichtiger sein, da die verholzten Triebe keinen starken Rückschnitt vertragen. Lichten Sie in diesem Fall zunächst etwas aus, entfernen Sie dann ganze alte Triebe komplett und nehmen Sie die verbleibenden Triebe nicht ganz so tief zurück. Aus den sich neu entwickelnden Verzweigungen kann dann ein neuer Kleinstrauch aufgebaut werden.

Ein regelmäßiger starker Rückschnitt Ende April hält den Lavendel vital und kompakt.

Ein regelmäßiger starker Rückschnitt Ende April verhindert das übermäßige Verholzen der Lavendeltriebe. Stark verholzte Sträucher fallen auseinander, blühen weniger und reagieren auf tiefen Rückschnitt mit Absterbeerscheinungen.

Perowskie (Perovskia abrotanoides, P. atriplicifolia)

Die Perowskie, auch Silberraute, Silberstrauch oder Blauraute genannt, ist ein äußerst attraktiver Halbstrauch, der mit seinen silbrigen Blättern und seinen blauen Blüten in Verbindung mit Gräsern sehr reizvolle Bilder ergibt. Leichte, schnell abtrocknende Böden ohne Vernässung und Verdichtung sind optimal für die Perowskie. Regelmäßiger starker Rückschnitt, gut handbreit über dem Boden, sorgt für eine intensive und gleichmäßige Blüte. Da die Pflanze etwas frostgefährdet ist, sollte der Schnitt erst kurz vor dem Austrieb erfolgen.

Sommerflieder (Buddleja davidii)

Der Gewöhnliche Sommerflieder, auch Schmetterlingsstrauch oder Schmetterlingsflieder genannt,

vorher

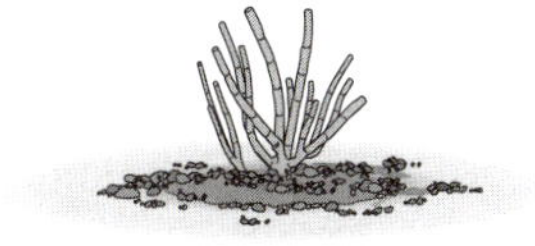

nachher

Wie fast alle im Sommer blühenden Halbsträucher wird die Perowskie im Frühjahr knapp über dem Boden zurückgeschnitten.

Durch starken Rückschnitt im Frühjahr kurz vor dem Austrieb bilden sich beim Sommerflieder viele kräftige Neutriebe, die an ihren Spitzen üppig blühen.

ist ein klassischer Vertreter der Blütensträucher, die am Neutrieb blühen, daher empfiehlt sich ein Rückschnitt aller Triebe kurz vor dem Austrieb. Die Maßnahme sollte allerdings erst nach den strengsten Frösten Ende März bzw. Anfang April erfolgen, da bei Frostschäden die Triebe von oben nach unten absterben. Außerdem sind die Blüten des Sommerflieders auch noch über den Winter durchaus zierend, also lassen Sie sie über den Winter ruhig stehen. Alle Triebe werden im Frühjahr etwa kniehoch abgeschnitten, dabei muss nicht unbedingt auf Knospen geachtet werden, da der Strauch wieder willig austreibt und sich verzweigt. Der Neuaustrieb wird kräftig sein und noch im selben Jahr an den Triebspitzen blühen.

Der Gewöhnliche Flieder (*Syringa vulgaris*) bildet seine Blütenknospen bereits im Vorjahr, der Gewöhnliche Sommerflieder (*Buddleja davidii*) dagegen am Neutrieb.

Japanischer Spierstrauch (Spiraea japonica)

Dieser Kleinstrauch eignet sich besonders für kleine Vorgärten. Auch als niedrige Blütenhecke, z. B. für Beeteinfassungen, ist er gut geeignet. Optimale Kontraste ergeben sich durch die Kombination mit dem Fingerstrauch (*Potentilla fruticosa*). Auch eine Kübelpflanzung ist bei genügend Bewässerung, z. B. auf dem Balkon, gut möglich. Werden die Kleinsträucher jedes Jahr im Frühjahr stark zurückgeschnitten, kann man sie kompakt auf etwa 60 cm Höhe halten und erreicht dennoch eine gleichmäßige Blüte und eine kissenartige Struktur. Ohne diese Maßnahme werden die Sträucher über 1 m hoch und sind wesentlich lockerer aufgebaut.

Der Schnitt verstärkt die Farbe

Nicht nur Blüte, Fruchtschmuck und Herbstfärbung sind zierende Elemente einiger Sträucher, auch die Farbe der Rinde kann sehr dekorativ sein. Insbesondere im Winter und als Kontrast zu immergrünen Gehölzen oder einer Mauer bzw. Hauswand sind sie sehr empfehlenswert.

Der Spierstrauch ist sehr schnittverträglich. Um einen kompakten Blütenstrauch zu erhalten, schneiden Sie im zeitigen Frühjahr alle Triebe relativ stark zurück.

Gelbholziger Hartriegel (Cornus stolonifera 'Flaviramea')

Für diese Hartriegel-Sorte mit ihrer schön gefärbten, gelben Rinde gelten dieselben Gesetzmäßigkeiten wie für ihren rotrindigen Verwandten *Cornus alba* 'Sibirica'. Besonders reizvoll im Winter ist die Kombination beider Vertreter. Die Schnittmaßnahmen werden auch bei *Cornus stolonifera* 'Flaviramea' am besten im Nachwinter durchgeführt.

Erziehen Sie die rot- und gelbholzigen Hartriegelsorten immer aufrecht und entfernen Sie flach abgehende Seitentriebe, bevor diese bei Bodenkontakt bewurzeln. Dann breitet sich der Strauch nicht so sehr aus.

Um die intensive Triebfärbung zu fördern, werden beim Rot- und Gelbholzigen Hartriegel ältere und flach abgehende Verzweigungen zu Gunsten von aufrecht wachsenden einjährigen Trieben entfernt.

Rotholziger Hartriegel (Cornus alba ‘Sibirica’)

Cornus alba ‘Sibirica‘ bildet an seinen einjährigen Trieben eine intensiv rote Rindenfärbung, welche am älteren Holz stark nachlässt. Ein regelmäßiges kräftiges Auslichten Ende des Winters sorgt aber zum Glück für viele prächtig gefärbte Neutriebe aus der Basis. Sie sollten den Strauch immer aufrecht erziehen und flach abgehende Triebe entfernen, weil diese bei Bodenkontakt bewurzeln und der Strauch sich dann sehr stark in der Fläche ausbreiten kann.

Rosen

In den letzten Jahren hat sich das Image der Rose als empfindliche, pflegeintensive Zierpflanze gewandelt, weil einige robuste neue Sorten für den Garten hinzugekommen sind. Die sogenannten ADR-Rosen sind in diesem Zusammenhang sehr interessant. ADR steht für Allgemeine Deutsche Rosenneuheitenprüfung. Die Auszeichnung ADR-Rose dokumentiert, dass diese Rosensorte in einem mehrere Jahre laufenden Prüfverfahren positiv bewertet wurde. An mehreren Standorten in Deutschland werden dafür die wichtigsten Eigenschaften der Rose (insbesondere Pflanzengesundheit, Blüte und Blühverhalten, Duft, Wuchseigenschaften, Fruchtbildung etc.) einer strengen Qualitätskontrolle unterzogen.

Generell ist ein lockerer, humoser Boden für Rosen wichtig, weil sie tief wurzeln. Lockern Sie daher vor der Pflanzung den Boden gründlich. Schwere, bündige Böden können Sie mit Sand verbessern. Die Wurzeln sollten im Pflanzloch genügend Platz haben und nicht umgeknickt werden, da sonst vermehrt Wildriebe entstehen. Außerdem ist eine Grunddüngung mit einem organischen Dünger empfehlenswert.

Der Kalkgehalt des Bodens sollte sich im neutralen Bereich bewegen (um pH 7), denn saure Böden sind für Rosen (mit Ausnahmen) eher ungünstig. Regelmäßige Düngung, auch Kalkgaben, in den folgenden Jahren ist je nach Bodentyp sinnvoll. Verwenden Sie möglichst chloridfreien Dünger und verteilen Sie ihn auf zwei Gaben: kurz vor dem Austrieb (März) und vor der Hauptblüte. Danach sollten Sie nicht mehr düngen, damit das Holz für den Winter ausreifen kann. Eine gute Qualität ist beim Kauf von Pflanzen wichtig. Achten Sie auf kräftige Triebe mit gutem Knospenansatz und auf Wurzeln, die frisch, frei von Verletzungen und gut verzweigt sein sollten.

Im Handel werden wurzelnackte Rosen und Containerpflanzen angeboten. Die Erfahrung zeigt, dass wurzelnackte Pflanzen in der Regel besser anwachsen, da sie sich sofort mit den neuen Bodenverhältnissen „arrangieren“ müssen und nicht im Topfballen verharren. Die beste Pflanzzeit, insbesondere für wurzelnackte Rosen, ist der Herbst. Die Baumschulen haben in dieser Jahreszeit noch eine größere Auswahl und die Pflanzen können vor dem Austrieb etwas einwurzeln. Grundsätzlich ist auch das Frühjahr bis etwa Anfang April zum Pflanzen geeignet. Containerrosen können das ganze Jahr gepflanzt werden. Sie müssen vorher aber durchdringend gegossen oder, noch besser, getaucht werden.

Neben den züchterisch nicht oder wenig bearbeiteten Wildrosen unterscheidet man Bodendeckerrosen, Beetrosen, Edelrosen, Kletterrosen und Strauchrosen. Edelrosen sind (mit wenigen Ausnahmen) nicht so robust – sie brauchen in der Regel wesentlich mehr Pflege und sind anfälliger für Krankheiten und Schädlinge. Aus diesem Grund sind die Edelrosen oder Teehybriden, wie sie auch genannt werden, in diesem Buch nicht weiter beschrieben.

Wurzelnackte Rosen wachsen häufig besser an als Containerpflanzen, da sie sich sofort mit den neuen Bodenverhältnissen „arrangieren“ müssen.

Beetrosen

In die Gruppe der Beetrosen sind Polyantha- und Floribundarosen zusammengefasst. Man züchtete diese Rosen mit stark verzweigten Trieben und vielblütigen Blütenständen, um dem Beetcharakter gerecht zu werden. Die Beetrosen variieren in ihrer Höhe von etwa 40 bis 100 cm.

Das Interessante an diesen Rosen ist weniger das einzelne Sortenporträt, als vielmehr das Gesamtbild im Beet. Dem muss auch durch entsprechende Sortenwahl und insbesondere Schnitt Rechnung getragen werden. Nach der Frostperiode im Frühjahr erfolgt der Pflanzschnitt. Dieser fördert die Verzweigung und die Ausbildung eines kräftigen Wurzelsystems. Beetrosen werden im Herbst nur so weit zurückgeschnitten, dass sie problemlos mit Reisig zum Frostschutz abgedeckt werden können. Weil Rosen von oben nach unten zurückfrieren, ist der eigentliche Schnitt erst nach der Frostperiode im Frühjahr sinnvoll. Eine gute Orientierung in Bezug auf den Schnittzeitpunkt gibt die Forsythienblüte – wenn die Forsythie blüht, kann man sich an die Rosen heranwagen.

Ein starker Rückschnitt fördert einen starken Neuaustrieb. Da Beetrosen in der Regel an den Neutrieben blühen, ist dieser Neuaustrieb gewünscht.

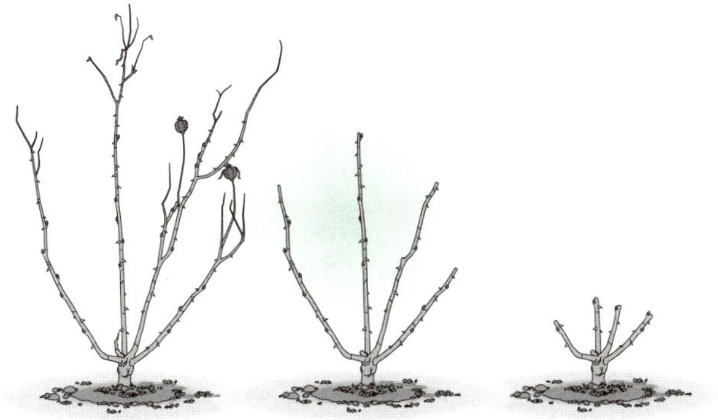

Der eigentliche Rückschnitt der Beetrosen auf fünf bis sechs Knospen erfolgt erst im Frühjahr. Im Herbst schneidet man nur wenig zurück, z. B. um besser mit Abdeckreisig hantieren zu können.

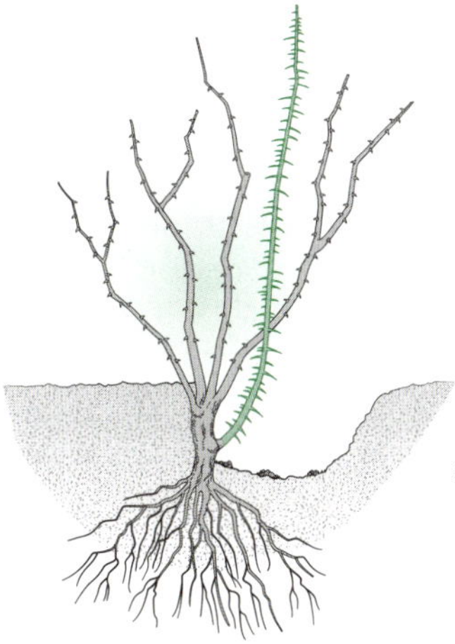

Unterlagentriebe (Wildtriebe) müssen möglichst am Ort ihrer Entstehung komplett entfernt werden, da sie die Edelsorte schwächen.

Um die Blühwilligkeit zu erhalten, wird bei Beetrosen regelmäßig der verwelkte Blütenstand über dem ersten voll entwickelten Blatt entfernt.

Nach den strengsten Frösten schneidet man die Beetrosen auf fünf bis sechs Augen (Knospen) zurück. Je tiefer der Rückschnitt erfolgt, umso weniger, dafür aber kräftige, Neuaustriebe entstehen, dies wirkt allerdings dem Beetcharakter entgegen. Bei hohem Anschnitt erhält man viele, dafür aber schwächere Neutriebe.

Da Rosentriebe gerne unterhalb der Schnittstelle etwas eintrocknen, wird etwa 5 mm über dem Auge leicht schräg angeschnitten. Schwache Seitenverzweigungen entfernt man entweder ganz oder schneidet sie auf kurze Stummel zurück. Beetrosen sind veredelt, das heißt sie stehen nicht auf eigener Wurzel. Da sich die Unterlage nach der Pflanzung etwa 10 cm unter der Erde befinden muss (wegen der Frostgefahr), entwickeln sich immer wieder unerwünschte Wildtriebe. Die Wildtriebe, die man meist an ihrer hellgrünen Farbe vom leicht rötlichen Neutrieb der Edelsorte unterscheiden kann, werden möglichst tief entfernt.

Da die Veredlungsstelle von Beetrosen schnell austrocknet und frostempfindlich ist, kommt diese beim Pflanzen etwa 10 cm unter den Boden. Über den Winter kann man die Rosen etwas anhäufeln und mit Fichtenreisig abdecken.

Bodendeckerrosen

Bodendeckerosen sind im Grunde mit stärker wachsenden Beetrosen vergleichbar. Der Begriff „Bodendecker“ ist etwas verwirrend, da keine Ausläufer gebildet werden, sondern der Wuchscharakter durch die bogig überhängenden Triebe verursacht wird. Bodendeckerrosen sollten Sie keinesfalls zu stark zurückschneiden. Beschränken Sie sich im Frühjahr auf einen Rückschnitt der Triebe auf etwa sechs bis sieben Augen, aber führen Sie Schnittmaßnahmen bitte nur mit Handschuhen durch!

Strauchrosen, die am Neutrieb blühen

Hier handelt es sich um einzeln stehende, größer werdende Polyantharosen, wie z. B. die Sorte ‘Westerland’ und andere. Es gilt im Grunde das gleiche Prinzip wie bei Beet- und Bodendeckerrosen. Nur werden diese Solitärrosen deutlich größer und sollten nicht so stark zurückgeschnitten werden. Der Rückschnitt erfolgt im Frühjahr, kurz nach dem Austrieb, man schneidet die Haupttriebe etwa um zwei Drittel zurück. Gerne wird auch auf Triebe und Knospen, die nach außen zeigen, abgeleitet. Starke Triebe die nach innen wachsen werden auf Zapfen zurückgenommen, schwache

Strauchrosen, die am Neutrieb blühen, schneidet man jährlich zurück, allerdings nicht so stark wie die Beetrosen, weil nicht der Beetcharakter, sondern der Einzelstrauch im Vordergrund steht.

Verzweigungen ganz entfernt. Der Mitteltrieb wird etwas höher gelassen als die anderen Triebe. So erreicht man einen lockeren, kronenähnlichen Aufbau. Mäßiger Rückschnitt fördert den Blütenreichtum.

Strauchrosen, die am älteren Holz blühen

Diese Gruppe kommt einigen Vertretern der Wildrosen sehr nahe. Wildrosen sind verschiedene Rosenarten, die züchterisch nicht oder nur wenig bearbeitet sind. Es gibt sehr viele Arten und Formen, viele zeichnen sich durch einen kräftigen Wuchs, Robustheit und Fruchtbildung aus. Wildrosen bestechen durch ihre einfachen Blüten, die auch für blütenbesuchende Insekten attraktiv sind. Die Früchte der Wildrosen, die Hagebutten, haben einen sehr hohen Gehalt an Vitaminen, besonders Vitamin C. Zu den Bekanntesten zählen Hunds-Rose (*Rosa canina*), Essig-Rose (*Rosa gallica*), Bibernell-Bose (*Rosa pimpinellifolia*), Hecht-Rose (*Rosa glauca*), Vielblütige Rosa (*Rosa multiflora*), Wein-Rose (*Rosa rubiginosa*) u. a. Sie werden nicht jährlich zurückgeschnitten, sondern nur gelegentlich im Nachwinter etwas ausgelichtet und nur stark verjüngt bzw. auf den Stock gesetzt, wenn

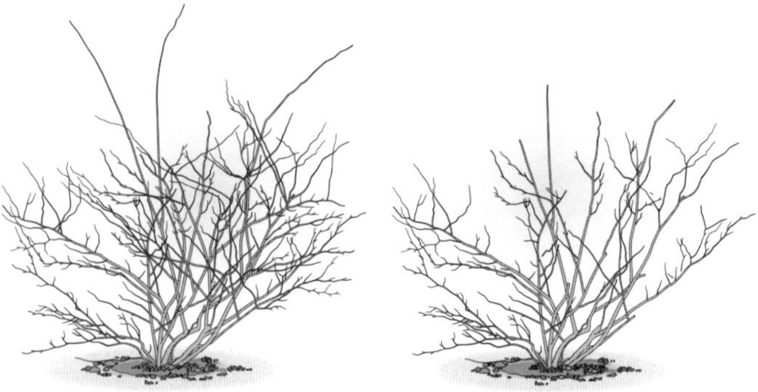

vorher nachher

Strauchrosen, die am älteren Holz blühen, werden in Abständen nur ausgelichtet. Dies kann bereits ausgangs des Winters erfolgen.

Bei der Hunds-Rose (*Rosa canina*) kann man gut an den Hagebutten (Früchten) erkennen, wo im vergangenen Jahr die Blüten gebildet wurden. Die im letzten Jahr gebildeten Neutriebe sind dieses Jahr einjährig und beginnen an ihren Seitenverzweigungen zu blühen.

sie Vergreisungserscheinungen zeigen. Man müsste sie eigentlich in die Rubrik „Nur ab und zu schneiden“ einordnen.

Kletterrosen

Wir könnten die Kletterrosen auch ebenso bei den Kletterpflanzen mit aufnehmen. Kletterrosen sind Rosen mit großer Wuchskraft, die starke Jahreszuwächse erreichen können. Grundsätzlich ist zwischen den sogenannten „Climbern“ und „Ramblern“ zu unterscheiden.

Die Climber gehören zu den Gerüstkletterern, da sie als sogenannte Spreizklimmer im Garten ein Rankgitter benötigen und auch nicht zu stark wachsen, sodass sie auch zur Begrünung von Hauswänden und Mauern geeignet sind. Zudem kann man sie über einen Gartenzaun wachsen lassen. Die Climber sind die klassischen Kletterrosen, auf die wir uns hier beziehen möchten. In den letzten Jahren haben aber auch verstärkt Ramblerrosen in die Gärten Einzug gehalten. Sie bilden oft über 10 m lange, dünne,

Bei Spreizklimmern wie den Kletterrosen verhaken und verkanten sich die biegsamen, weitverzweigten Triebe mit ihren Stacheln am Klettergerüst. Gut geeignet sind Holzlattengerüste, die teilweise auch hinterwachsen werden.

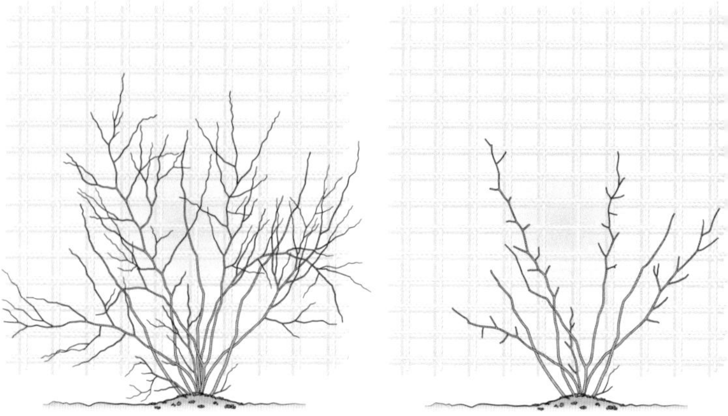

Bei Kletterrosen kann man im Frühjahr alle Seitentriebe, die von den Leittrieben abzweigen, auf relativ kurze Stummel zurücknehmen.

überhängende und biegsame Triebe, die nach Halt suchend beachtlich wuchern können. An einem kleinen Rosenbogen oder Rankgerüst sind sie eher fehl am Platz. Häufig lässt man sie in alte oder abgestorbene Bäume hineinwachsen. Sie sind meist nur einmal blühend und ihre Wuchskraft wird häufig unterschätzt. Inzwischen gibt es aber auch schwächer wachsende Rambler, die man dann ähnlich wie die Climber verwenden kann.

Climberrosen lassen sich wie bereits erwähnt, sehr gut an einem Rankgerüst an einer Mauer oder Hauswand erziehen. Direkt nach der Pflanzung sollte die Pflanze im zeitigen Frühjahr auf wenige Augen zurückgeschnitten werden. Aus den entstehenden Trieben wird ein Grundgerüst von drei bis fünf Leittrieben gezogen, das nur etwa alle 5 Jahre durch passende Neutriebe ausgetauscht werden muss. Die Leittriebe werden fächerartig am Rankgerüst verteilt und befestigt bzw. mit ihren Stacheln verankert. Die Blüten sitzen an den Seitenverzweigungen. Verzweigungen können gefördert werden, wenn die „Gerüsttriebe“ etwas bogenartig angeheftet werden, auf den Bögen entstehen dann mehrere „Reiter“. Wenn man alle Seitenverzweigungen der Leittriebe (auch die Reiter) auf Stummel zurücknimmt, erreicht man eine üppige Blüte.

> **Auch bei den mehrmals blühenden Kletterrosen müssen die verwelkten Blüten regelmäßig ausgeschnitten werden. Das hat neben dem optischen Effekt auch die Förderung von neuen Blütenknospen zum Ziel.**

Hecken

Hecken und heckenähnliche Pflanzungen dienen meist als lebende Abgrenzungen und als Sichtschutz. Sie sind ein zierendes und strukturgebendes Element in unseren Gärten und in der freien Landschaft. Insbesondere die freie Hecke, aber auch die Formhecke bietet vielen Tieren, vor allem Vögeln und Insekten, einen Lebensraum und Rückzugsbereich. Auch das Kleinklima kann durch Wind-, Schnee- und Erosionsschutz positiv beeinflusst werden.

Freie Hecke

Eine freie Hecke setzt sich aus mehreren Gehölzarten zusammen, die in unregelmäßigen Gruppen oder mehrreihig gepflanzt werden. Sie benötigt keinen regelmäßigen Schnitt – es genügt etwa alle 5 Jahre ein Auslichten der überalterten Triebe, die bodennah komplett entfernt werden. Heute möchte man zunehmend Zierde und Nutzen von Gehölzen miteinander verbinden. Als Nutzen können neben der Verwertung von Beeren auch ökologische Aspekte angesehen werden, also die Schaffung von Lebensraum und Nahrungsgrundlage für Tiere wie beispielsweise Vögel. In diese Nische passen hervorragend bestimmte Wildobstarten, die im Einzelstand verwendet werden können, aber auch sehr gut für die Anpflanzung einer freien Hecke geeignet sind.

Formhecke

Formhecken sind meist aus einer einzigen Gehölzart aufgebaut und dienen als Sichtschutz und Grundstückseingrenzung. Sie haben einen geringeren Platzbedarf als freie Hecken, erfordern aber auch einen höheren Pflegeaufwand, denn sie werden ein- oder mehrmals im Jahr zurückgeschnitten. Zu den Formhecken zählen auch bereits die 30–40 cm hohen Buchseinfassungen. Je nach Pflanzenart ist eine Heckenhöhe von mehreren Metern möglich, man sollte allerdings eine Arbeitshöhe anstreben, die einen problemlosen Schnitt gewährleistet, also möglichst ohne den Einsatz

Ein kräftiger Rückschnitt nach der Pflanzung ist nur bei strauchartig wachsenden Heckenpflanzen (unten) notwendig. Ansonsten genügt ein leichtes Einkürzen der Triebe (oben).

größerer Leitern. Dies gilt insbesondere auch unter dem Aspekt der Arbeitssicherheit. Spätestens 1 Jahr nach der Pflanzung muss bei strauchartig wachsenden Heckenpflanzen ein starker Rückschnitt erfolgen, um den Grundstock für eine dichte Hecke zu legen. Ein sich anschließender, regelmäßiger Erhaltungsschnitt ist für einen gleichmäßigen und blickdichten Wuchs unbedingt erforderlich. Aus baumartig wachsenden Gehölzen, wie z. B. Hainbuche, lassen sich auch ohne Pflanzschnitt mit entsprechend großen Pflanzen bereits direkt nach der Pflanzung ansehnliche Hecken erstellen. Der regelmäßige Erhaltungsschnitt ist aber auch hier notwendig.

Achten Sie beim Heckenschnitt besonders darauf, dass die Basis breiter gehalten wird als der obere

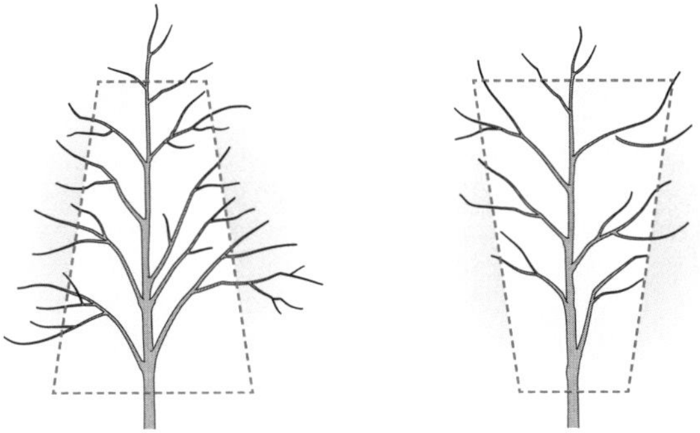

Beim Erhaltungsschnitt von Formhecken sollte man aus Belichtungsgründen darauf achten, dass sie sich nach oben verjüngen.

Kronenbereich. Dadurch erhalten auch die Triebe im unteren Bereich genügend Licht und kahle Bereiche oder Fehlstellen werden vermieden. Bester Schnittzeitpunkt ist Anfang Sommer (Vorsicht Vogelbrut!) und Ende August. Immergrüne Pflanzen schneiden Sie am besten im Frühjahr vor dem neuen Austrieb oder im Spätsommer nach Triebabschluss. Geeignete Arten für eine Formhecke sind z. B. Berberitze, Hainbuche, Liguster, Rot-Buche und Feld-Ahorn. Bei Nadelgehölzhecken ist besonders die sehr schnittverträgliche Eibe zu empfehlen. Buchs kann leider wegen Buchsbaumzünsler und Buchsbaumsterben nur noch bedingt empfohlen werden.

Wildobststräucher

Wie bereits erwähnt eignen sich diese Sträucher sehr gut zur Anpflanzung einen freien Hecke. Man kann sie hervorragend zur Grundstücksabgrenzung oder als Sichtschutz verwenden. Und die Früchte der Wildobststräucher haben es in sich – ihr Vitamingehalt liegt oft weit über dem von gewöhnlichen Obstgehölzen und sie lassen sich je nach Art direkt von der Pflanze naschen oder zu Mus, Gelee, Marmelade oder Kompott verarbeiten. Sie bieten dabei nicht nur das Erlebnis von „Natur pur“, sondern sie liefern auch eine gesunde und vitaminreiche Kost. Darüber hinaus vermitteln sie uns häufig ein Gefühl von Nostalgie und wecken den Wunsch „Großmutters Rezepte“ selbst auszuprobieren.

Pflanzenschutzmaßnahmen sind in der Regel nicht nötig, da die meisten Wildobstarten nicht anfällig für Krankheiten und Schädlinge sind, und der Schnittaufwand ist relativ gering. Hinzu kommt noch, dass einige dieser Gehölze auch wichtige Vogel- und Bienennährgehölze sind. Neben der ökologischen Wertigkeit ist auch die Ungiftigkeit der meisten Wildobststräucher ein Grund, weshalb diesen Arten bei der Begrünung von Kinderspielplätzen, Kindergärten und Schulen eine große Bedeutung zukommt.

Die sogenannten Wildobststräucher eignen sich hervorragend für naturnahe Gärten. Ihr vielfältiger Nutzen und der geringe Schnitt- und Pflegeaufwand sprechen für ihre Verwendung.

Schwarze Apfelbeere (Aronia melanocarpa)

Die aus Nordamerika stammende Schwarze Apfelbeere bildet dichte, bis über 2 m hohe Büsche. Die Früchte sind etwa erbsengroß, rund, schwarz und häufig wachsartig überzogen. Sie schmecken leicht säuerlich mit etwas flachem Aroma, sind aber sehr gesund! Die Fruchtreife setzt ab der zweiten Augustwoche ein. Aus den Früchten können Konfitüren, Kompott oder kalte Soßen zu Wildgerichten hergestellt werden. Die erntereifen Früchte werden aber auch gerne von Vögeln angenommen. Im Herbst unterstreicht die Laubfärbung mit intensiven Rottönen den hohen Zierwert der Schwarzen Apfelbeere, zu dem der Fruchtschmuck und die Blüte beitragen.

In einer freien Hecke empfiehlt sich ein Pflanzabstand von etwa 1,50 m. Ein Pflanzschnitt ist in der Regel nicht notwendig. Im Abstand von 5 bis 6 Jahren sollten Sie aber die ältesten Triebe entfernen, um auszulichten. Die Apfelbeere kann auch problemlos auf den Stock gesetzt werden. Es dauert dann aber eine Weile, bis sich der Strauch wieder aufgebaut hat. Hinsichtlich des Standortes werden geringe Ansprüche gestellt. Eine Anpflanzung direkt an Wegen empfiehlt sich nicht, da die herunterfallenden Beeren für starke Verfärbungen sorgen können. Die Schwarze Apfelbeere ist gering anfällig für die Bakterienkrankheit Feuerbrand.

Edel-Eberesche (Sorbus aucuparia var. edulis)

Obwohl die Eberesche oder Vogelbeere eigentlich kein Strauch ist, sondern eher ein kleiner, mehrstämmiger Baum, soll dieses Wildobstgehölz hier zur Pflanzung empfohlen werden, da keinerlei Schnittmaßnahmen anfallen, im Gegenteil stärkere Schnitte gar zum Absterben führen können. Möglichst alle Verletzungen – auch am Stamm – sollten vermieden werden, dann hat man ein dekoratives und robustes Gehölz. Die Edel-Eberesche bildet keine Bitterstoffe aus, sodass ihre essbaren Früchte vielfältig verwertet werden können.

Kupfer-Felsenbirne (Amelanchier lamarckii)

Die Kupfer-Felsenbirne zeichnet sich durch Anspruchslosigkeit und Robustheit aus. Sie bietet mit ihrer Blüte, den nutzbaren Früchten und ihrer malerischen Herbstfärbung eine breite Verwendung. Obwohl es der Name vermuten lässt, hat die Felsenbirne mit der eigentlichen Birne keine direkten Verwandschaftsmerkmale. Sie bekommt kaum Krankheiten, lediglich Mehltau kann auftreten, und sie gehört zwar zur Gruppe der Wirtspflanzen für Feuerbrand, ist aber nur gering anfällig. Für den Garten ist besonders die Sorte ‘Ballerina’ zu empfehlen.

Felsenbirnen blühen und fruchten am mehrjährigen Holz und brauchen daher nicht regelmäßig geschnitten zu werden. Insbesondere in der Jugendphase kann der Zierstrauch starke Rückschnitte etwas übelnehmen, in dem er viele

Die Felsenbirne gehört zu den Sträuchern, die sich baumartig verzweigen. Aus der Basis werden kaum Neutriebe gebildet. In den ersten Jahren am besten nicht schneiden, sondern nur in Abständen maßvoll auslichten.

steile Neutriebe ausbildet und seine natürliche Erscheinungsform komplett verliert. Jungpflanzen erhält man meistens im Container und somit ist ein leichtes Auslichten als Pflanzschnitt ausreichend. Die Felsenbirne benötigt dann über Jahre keinen Schnitt mehr. Nur wenn das Wachstum und die Vitalität deutlich nachlassen, kann ausgangs des Winters etwas ausgelichtet und auf passende Seitenverzweigungen zurückgenommen werden. Erhält man wurzelnackte Pflanzen, ist nach dem Pflanzen ein Rückschnitt der Triebe um etwa zwei Drittel sinnvoll. Dadurch wird eine gute Verzweigung erreicht und auch hier ist dann in den nächsten Jahren kein Schnitt mehr notwendig.

Fruchtrosen

Bei den Fruchtrosen sind in erster Linie die Kartoffel-Rose (*Rosa rugosa*), die Apfel-Rose (*Rosa villosa*) und die Vitamin-Rose PiRo 3 zu nennen. Die entkernten Früchte der Rosen, die Hagebutten, können für Marmeladen (Hägenmark), Gelees, Säfte usw. verwendet werden.

Die Vitaminrose PiRo 3 wird in der Regel auf *Rosa multiflora* veredelt und fühlt sich auf kalkhaltigeren Standorten wohl. Sie wächst relativ stark und benötigt Pflanzabstände von etwa 2 m. Im Abstand von 2 bis 3 Jahren werden die ältesten Triebe an der Basis komplett entfernt.

Die Kartoffel-Rose und die Apfel-Rose bevorzugen leichtere und luftige Böden. Hohe Kalkgehalte und Staunässe werden schlecht vertragen. Aufgrund des schwächeren Wuchses reichen Pflanzabstände von etwa 1 m aus. Die Apfel-Rose trägt am einjährigen Holz und kann daher auch jährlich ausgelichtet werden, stehen die Früchte nicht im Vordergrund genügt ein Schnitt wie oben angegeben.

Die Kartoffel-Rose bildet hier eine Ausnahme, sie blüht und fruchtet an den Neutrieben und ist dann schnitttechnisch ähnlich wie Strauchrosen, die am Neutrieb blühen, zu behandeln (siehe Seite 46).

Gojibeere (Lycium barbarum)

Als Gojibeere hat der Gewöhnliche Bocksdorn (*Lycium barbarum*) in den letzten Jahren viele Interessenten gefunden, weil die Früchte einen hohen Gesundheitswert aufweisen sollen. Nur hat der Gewöhnliche Bocksdorn in seiner Wildform mit der in Sorten angebotenen Gojibeere wenig gemeinsam. Leider wurden Wildformen auch in Gartencentern angeboten. Ihre wuchernde, ausufernde Wuchsform führte

Bei der Gojibeere werden 3 bis 4 Leittriebe an einem Gerüst befestigt. Die Seitenverzweigung werden kurz vor dem Austrieb auf Stummel eingekürzt.

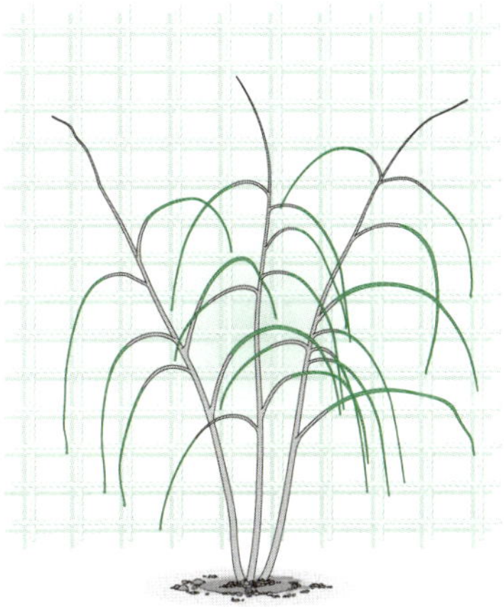

Die Gojibeere bildet auf der ganzen Länge der Neutriebe Blüten bzw. Früchte aus.

schnell zur Überforderung einiger Gartenbesitzer.

Die Gojibeere ist, was den Standort betrifft, nicht sehr wählerisch, verträgt allerdings keine Staunässe. Sie ist selbstfruchtbar und fruchtet am Neuaustrieb. Die Blüte beginnt im Juni bis Juli, Früchte werden ab August bis zu den ersten Frösten ausgebildet. Insbesondere die Wildformen der Gojibeere neigen zu einer starken Ausläuferbildung, die für eine unkontrollierte Verbreitung im Garten sorgen kann. Es empfiehlt sich, drei bis vier Leittriebe, die etwa 6 Jahre belassen werden, an einem Spaliergerüst zu befestigen. Die Seitenverzweigungen dieser Leittriebe werden jährlich vor dem Austrieb auf Stummel zurückgeschnitten. An den sich neu entwickelnden Trieben bilden sich dann Blüten und Früchte. Durch Winterfrost oder evtl. Mehltau geschädigte Triebteile werden ebenfalls entfernt.

Im Sommer ist ein Auslichten der Seitenverzweigungen und ein konsequentes Entfernen aller weiteren Wurzelausläufer zu empfehlen. Um der Ausläuferbildung Herr zu werden, können Sie die Sträucher auch in einen großen Kübel pflanzen, dabei sollten Sie aber auf ausreichende Bewässerung und angemessene Düngung der Gojibeere achten.

Die richtige Sortenwahl ist eine Grundvoraussetzung für den Erfolg – bitte informieren Sie sich in einschlägiger Fachliteratur über geeignete Sorten. Empfehlenswert sind z. B. die Sorten 'No.1 Lifeberry', 'Turgidus' und 'L 22'. Wildformen bzw. die Anzucht aus Samen sind nicht empfehlenswert, da erst sehr spät und in der Regel nur wenig Früchte ausgebildet werden. Die Neigung zur Ausläuferbildung ist ebenfalls sortenabhängig. Stark wachsende, ausläuferbildende Pflanzen haben nur wenig Ertrag und unbefriedigende Fruchtgrößen. Außerdem steht dann der Schnittaufwand in keinem Verhältnis zum angestrebten Ziel.

Kaufen Sie Gojibeeren unbedingt als Kultursorten, nicht als Wildform, da Letztere unkontrolliert wuchert und kaum Früchte ausbildet.

Haselnuss (Corylus avellena)

Die Haselnuss ist ein weit verbreiteter Wildstrauch, dessen Wuchsstärke besonders in kleinen Gärten häufig unterschätzt wird. Der Strauch kann 4–6 m Höhe erreichen (teilweise auch höher) und sich dann auch in der Breite ausdehnen. Daher findet man das Gehölz häufig in der freien Landschaft in Feldhecken und an Waldrändern.

Das Gehölz bildet männliche und weibliche Blüten auf einer Pflanze aus, ist also einhäusig. Die typischen gelben, langen Blütenkätzchen sind der männliche Teil, die rötlichen, unscheinbaren weiblichen Blüten erscheinen parallel zu den Kätzchen im zeitigen Frühjahr. Die Bestäubung der Haselnuss erfolgt durch den Wind. Steht die Fruchtbildung im Vordergrund, sollten mehrere großfrüchtige Sorten gepflanzt und mit Wildformen kombiniert werden, um die notwendige Fremdbefruchtung zu gewährleisten.

Eine Zierform ist die schwächer wachsende Korkenzieher-Hasel (*C. avellana* 'Contorta').

Die Haselnuss verträgt auch einen starken Rückschnitt und kann problemlos auf den Stock gesetzt werden. Sie bildet dann wieder buschige Sträucher aus. Diese Maßnahme ist etwa alle 5 bis 6 Jahre empfehlenswert.

Kultur-Heidelbeere (Vaccinium corymbosum)

Die Kultur-Heidelbeere oder Garten-Heidelbeere darf nicht mit der bei uns heimischen Wald-Heidelbeere (*Vaccinium myrtillus*) verwechselt werden. Die Kultur-Heidelbeere kommt ursprünglich aus Nordamerika, wird deutlich größer (über 1,50 m hoch) und bildet größere Früchte aus, die keinen blauen Fruchtsaft haben. Der Anspruch an den Standort ist bei beiden vergleichbar, da auch die Kultur-Heidelbeere als Moorbeetpflanze saure Standorte wünscht. Allerdings schränkt dies ihre Verwendung ein. Ungünstige Standorte (höhere Kalkgehalte) kann man umgehen, indem man den Wildobststrauch in große Kübel pflanzt. Als Substrat eignet sich Rhodohum, auch das Untermischen von unbehandeltem Fichten- oder Tannensägemehl ist empfehlenswert. Wichtig ist bei

Um ein vorzeitiges Vergreisen der Sträucher zu vermeiden, ist es bei der Kultur-Heidelbeere ratsam, in den ersten Jahren den Blütenansatz etwas zu reduzieren, dadurch bekommt man kräftige Triebe.

der Containerkultur regelmäßiges Gießen und gelegentliches Düngen. Als Dünger sind die klassischen Rhododendrondünger gut geeignet.

Bei kräftigen, gut verzweigten Containerpflanzen ist ein Pflanzschnitt in der Regel nicht notwendig. Um ein vorzeitiges Vergreisen der Sträucher zu vermeiden, ist es jedoch ratsam in den ersten Jahren den Blütenansatz etwas zu reduzieren, um kräftige Triebe zu bekommen. Ein Strauch sollte aus etwa fünf bis sechs kräftigen Bodentrieben bestehen, die man etwa alle 4 Jahre komplett auswechselt oder auf passende Verzweigungen zurücknimmt. Somit wird eine laufende Neutrieb- und Fruchtholzerneuerung angeregt. Das Auslichten kann bereits direkt nach der Ernte erfolgen. Der Strauch sollte locker aufgebaut sein, um ein rascheres Abtrocknen zu gewährleisten, auch das Ernten wird dadurch erleichtert. Bodennahe, überhängende und schwach wachsende Triebe werden generell entfernt. Heidelbeeren sind selbstfruchtbar, Fremdbestäubung fördert jedoch den Fruchtansatz und die Beerengröße.

Kornelkirsche (Cornus mas)

Die Kornelkirsche stammt ursprünglich aus dem Kaukasus. Mittlerweile ist sie durch Pflanzungen und Auswildern in Mittel- und Südeuropa und in Kleinasien weit verbreitet. Sie wächst auch noch gut auf trockenen Standorten. Ungeschnitten wächst sie relativ langsam und bildet nach einer gewissen Zeit größere Sträucher von 2–5 m Höhe. Da die Pflanze auch ohne Schnitt lange Zeit vital bleibt, ist dieser im Grunde nicht notwendig. Allerdings ist die Pflanze auch sehr schnittverträglich, sodass man sie vereinzelt auch als Formhecke vorfindet, Schnitte ins alte Holz werden problemlos vertragen, verursachen aber einen starken Neuaustrieb.

Durch die frühe Blüte ist die Kornelkirsche eine wertvolle Nahrungsquelle für (Wild-)Bienen. Die ovalen Früchte sind glänzend rot und etwa 1,5–2 cm lang. Bestimmte Zuchtformen wie 'Jolico' bilden größere Früchte aus. Legt man auf die Ernte von Früchten größeren Wert, sollte man zu den Kultursorten auch Wildformen pflanzen, weil so der Fruchtansatz verbessert wird, auch wenn die Kornelkirsche grundsätzlich selbstfruchtbar ist.

Maibeere (Lonicera caerulea var. kamtschatica)

Der pflegeleichte Strauch, der auch Kamtschatka-Heckenkirsche genannt wird, kommt ursprünglich aus Sibirien. Er ist robust, frosthart und trägt bereits im Mai heidelbeerähnliche, wenig aromatische Früchte (daher der Name Maibeere). Die Maibeere kann dort als Ersatz gepflanzt werden, wo Kultur-Heidelbeeren wegen zu hoher Kalkgehalte im Boden nicht mehr gedeihen. Allerdings scheiden zu schwere bzw. tonige Böden, die zu Staunässe neigen, aus. Hier sollte der Boden durch Humusgaben verbessert werden.

Der Schnitt gestaltet sich relativ einfach (ähnlich wie bei der Kultur-Heidelbeere) und muss nicht jährlich erfolgen. Ältere, zu dichte Triebe werden bodennah, am besten gleich nach der Ernte, entfernt. Überzählige Neutriebe aus der Basis lichtet man etwas aus. Die Pflanzen wachsen relativ langsam und bilden aufrechte, wenig überhängende Triebe. Das hat den Vorteil, dass die Sträucher im Abstand von knapp 1,50 m gepflanzt werden können.

Die Befruchtung wird durch das Kombinieren verschiedener Sorten deutlich verbessert. Sorten sind z.B. 'Blue Velvet' oder 'Maistar'. Es soll bereits vorgekommen sein, dass man anstatt der Kamtschatka-Heckenkirsche irrtümlich eine Blaue Heckenkirsche (*Lonicera caerulea* var. *caerulea*) erworben hat, was dann möglicherweise den bitteren Geschmack der Früchte erklären könnte, die ja ansonsten dem Geschmack von Kultur-Heidelbeeren ähneln.

Sanddorn (Hippophae rhamnoides)

Der stark wachsende Großstrauch kann bis zu 6 m hoch werden und gehört zu den Windbefruchtern. Er ist zweihäusig, das bedeutet, es gibt rein weibliche und rein männliche Pflanzen. Will man also Früchte, darf man nicht vergessen auch männliche Pflanzen als Befruchter zu pflanzen. Männliche Pflanzen haben dicke, dunkelbraune Blütenknospen, die weiblichen Blütenknospen sind wesentlich dünner. Weibliche Sorten sind z.B. 'Leikora' und als männliche Befruchtersorte kommt 'Pollmix' in Frage.

Wildformen sind für Gärten nur bedingt geeignet, da eine starke Wurzelausläuferbildung zum Wuchern der Sträucher führt. Zuchtformen wachsen kompakter und bilden etwas weniger Ausläufer. Optisch reizvoll sind besonders das grausilbrige Laub und der orangefarbene Fruchtschmuck.

Als wichtiges Nähr- und Schutzgehölz für Vögel ist der Sanddorn ökologisch wertvoll. An sonnigen Standorten mit gut luftführenden, nicht verdichteten Böden fühlt er sich am wohlsten. Der Schnitt gestaltet sich einfach, dabei wird der Rückschnitt und das Ernten miteinander kombiniert. Schneiden Sie dafür zwei- und dreijährige früchtetragenden Zweige in einer Höhe von etwa

1 m ab (einjährige Triebe schonen!). Das hat zudem den Vorteil, dass der Strauch nicht zu hoch wird, nicht verkahlt und buschig bleibt. Zum besseren Ablösen der Früchte frieren Sie die Zweige in eine Plastiktüte verpackt einige Tage ein. Danach lassen sich die Früchte einfach abschütteln und weiterverarbeiten.

Japanische Zierquitte (Chaenomeles japonica)

Dank der attraktiven Blüten, deren Farbe von Weiß über Rosa und Orange bis hin zu Rot reichen, haben sich die *Chaenomeles*-Arten als Ziergehölz schnell über Europa verbreitet. Die Zierquitte, auch Scheinquitte genannt, wird gerne von Bienen und Hummeln als Nektarquelle angenommen. Es sind sommergrüne, überwiegend stark bedornte Sträucher, die bis zu 1 m hoch werden können. Sie bilden große, wohlduftende, apfelförmige und meist gelbe Früchte aus, die wie Quitten verwendet werden können.

Es sind keine regelmäßigen Schnittmaßnahmen notwendig, die Früchte werden überwiegend an kurzen Fruchttrieben am älteren Holz gebildet. Triebbildung, Blüten- und Fruchtbildung funktionieren auch ohne Schnitteingriffe problemlos. Wenn die Sträucher nach einigen Jahren zu dicht sind, werden auch Rückschnitte ins alte Holz sehr gut vertragen. Dann auf passende Seitenäste zurücknehmen oder auch auf den Stock setzen. Es besteht eine leichte Anfälligkeit für Feuerbrand.

Kletterpflanzen

Da sie sich nicht selbst, wie z. B. Bäume, mit einem festen Stamm stabilisieren können, haben die Kletterpflanzen unter den Gehölzen andere Strategien entwickelt, um nach oben, dem Licht entgegen, wachsen zu können. In der

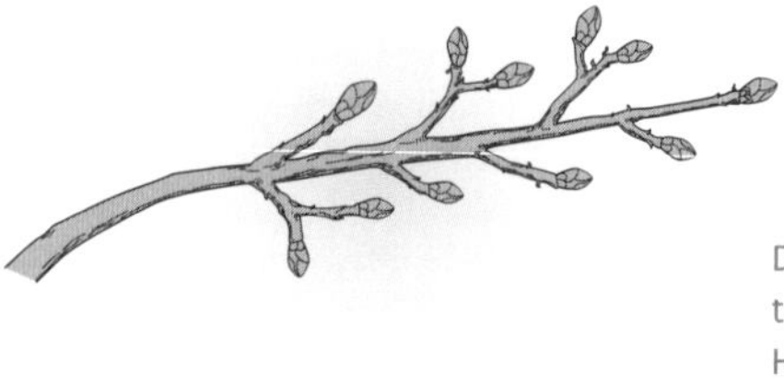

Die Zierquitte blüht und fruchtet an Kurztrieben am älteren Holz. Daher nur in größeren Abständen verjüngen.

Natur verwenden sie Stützhilfen in Form von benachbarten Gehölzen oder Felsformationen und es haben sich im Laufe der Zeit unterschiedliche Klettersysteme entwickelt. Es gibt Sprossranker (Weinrebe, Tafeltrauben), Blattstielranker (*Clematis*), Schlinger (*Wisteria*), Spreizklimmer (Kletterrosen), Haftscheibenranker (Wilder Wein) und Wurzelkletterer (Efeu).

Während Selbstklimmer sich im Garten direkt an einer Mauer oder Hauswand festhalten können, benötigen Gerüstkletterer ein spezielles Rankgerüst. Kletterpflanzen sind in der Lage auch auf kleinstem Raum für Blüten und Blattgrün zu sorgen und können, insbesondere in Ballungsgebieten, zur Luft- und Klimaverbesserung beitragen. Allerdings müssen einige Besonderheiten beachtet werden.

Selbstklimmer

Selbstklimmer, wie z. B. Dreilappiger Wilder Wein, Fünflappiger Engelmanns-Wein, Efeu, Kletter-Hortensie und Klettertrompete, sind mit ihren Haftscheiben oder Haftwurzeln in der Lage, sich direkt an Mauern oder Hauswänden festzuhalten. Für Hausfassaden, die in regelmäßigen Abständen gestrichen werden müssen, oder schadhaftes Mauerwerk sind sie nicht geeignet. Sie sind in der Lage, sich teilweise hinter den Putz zu schieben oder in Risse oder Spalten einzuwachsen und diese zu vergrößern. Bauschäden sind dann vorprogrammiert. Werden Selbstklimmer nachträglich entfernt, bleiben häufig Teile der Haftscheiben oder Haftwurzeln an der Wand hängen.

Lassen Sie Ihre Fassadenbegrünung am Haus nie höher werden als Ihre höchste Leiter und vermeiden Sie ein Einwachsen in die Dachrinne und ein Hinaufwachsen auf das Hausdach.

Gerüstkletterer

In diese Gruppe gehören Ranker, Schlinger und Spreizklimmer. Während man Schlinger mit waagrechten und senkrechten Drähten aufleiten kann, benötigen Ranker als Gerüst eine Gitterstruktur. Gerüstkletterer sind für Hausfassaden besser geeignet, da ein direkter Kontakt mit der Wand vermieden wird. Durch die Klettergerüste können diese Pflanzen auch besser auf eine bestimmte Fläche beschränkt werden. Es ist aber unbedingt darauf zu achten, dass sie nicht in Dachrinnen oder gar Dachziegel einwachsen. Kletterpflanzen sind als Fassadenbegrünung, aber nicht zur Dachbegrünung geeignet. Beispiele sind Blauregen, Pfeifenwinde, Waldrebe, Kiwi und Geißblatt.

Japanischer Blauregen (Wisteria floribunda)

Zu den schönsten Schlingern gehört sicher der Blauregen, der an Hauswänden, entlang von Geländern und Pergolen mit den blauvioletten Blütentrauben seinen mediterranen Charme verbreitet. Optimal entwickelt sich die Blütenpflanze, die auch Glyzinie genannt wird, in wärmeren Lagen, da sie etwas frostempfindlich ist. Bei starken, mehrtriebigen Jungpflanzen ist nach der Pflanzung, die am besten im Frühjahr erfolgen sollte, kein Pflanzschnitt erforderlich. Bereits vorhandene Seitentriebe können Sie auf Stummel einkürzen. Schwächere Jungpflanzen schneiden Sie dagegen nach der Pflanzung um etwa die Hälfte zurück. Zwei kräftige Grundtriebe sind zum Aufbau der Kletterpflanze ausreichend. Seitentriebe bis zu etwa einer Höhe von 50 cm werden entfernt.

Die Glyzinie ist ein sehr stark wachsender Gerüstkletterer und benötigt dementsprechend Platz und stabile Kletterhilfen. Stabile, gut verankerte, rostfreie Drahtseile sind gut geeignet. Fallrohre, Blitzableiter, und Dachrinnen verbieten sich als Rankhilfen. Der Blauregen sollte wenigstens 2 m Abstand zu diesen Bauteilen und zur Dachtraufe haben.

Bedingt durch den starken Wuchs ist ein regelmäßiger Schnitt unvermeidlich. Man unterscheidet dabei Sommer- und Frühjahrsschnitt. Während des Sommers werden viele Langtriebe gebildet. Stehen diese senkrecht wie Wasserschosse, werden sie

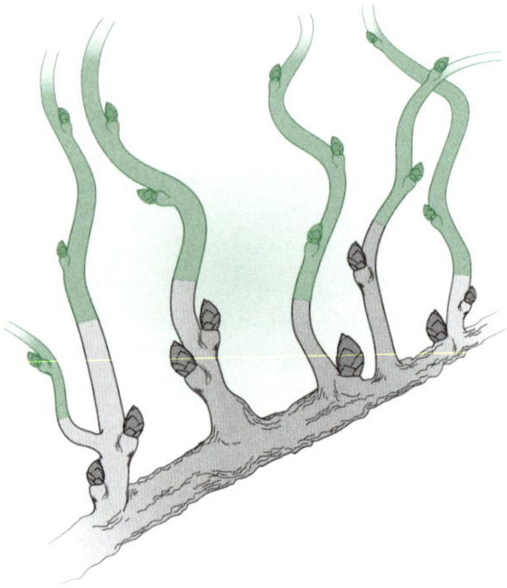

Beim Blauregen werden neu gebildete Langtriebe im Sommer, etwa 6 bis 8 Wochen nach der Blüte, auf etwa 20 cm lange Stummel eingekürzt. Später wachsende Triebe kürzt man im Frühjahr auf etwa 10 cm ein, hier werden die Blüten gebildet.

ganz entfernt, andere schneidet man auf etwa 20 cm zurück. Diese Maßnahme sollte etwa 6 bis 8 Wochen nach der Blüte erfolgen und kann mehrmals erforderlich sein. Auch das Zurücknehmen einer zu groß gewordenen Pflanze geht am besten im Sommer nach der Blüte.

Der Frühjahrsschnitt erinnert etwas an den Formschnitt von Obstgehölzen und wird im März durchgeführt. Da die Blüten ähnlich wie bei Apfel und Birne an mehrjährigen Kurztrieben gebildet werden, kann altes Blühholz etwas ausgelichtet werden, alle anderen Seitentriebe werden auf etwa 10 cm lange Stummel zurückgeschnitten. Das ab einer bestimmten Höhe waagerechte Fixieren der Leittriebe fördert die Blütenbildung.

Gewöhnlicher Efeu (Hedera helix)

Diese heimische Efeu-Art ist eine weit verbreitete und altbekannte Pflanze zur Begrünung von Mauern und Fassaden. Efeu, in der Natur ursprünglich vor allem an Bäumen zu finden, bildet sogenannte Haftwurzeln aus, mit denen er sich an der Rinde festhält, er ist also ein Selbstklimmer. Die Haftwurzeln dienen nur zum Festhalten der Triebe und nehmen weder Wasser noch Nährstoffe auf. Auf glatten Flächen finden sie kaum Halt, weil sie sich nicht mit dem Mauerwerk verzahnen können. Eine gute Haftung ist nur auf raueren Oberflächen gegeben. Efeu ist aber absolut ungeeignet schadhaftes Mauerwerk zu überdecken. Er kann in Risse regelrecht hineinwachsen und diese durch Dickenwachstum erweitern und aufsprengen.

Als sehr schattenverträgliche Pflanze eignet sich Efeu für Nordseiten und eher schattigere Standorte. Auf Südseiten ist häufig ein Befall durch Spinnmilben festzustellen. Erfolgt ein regelmäßiger Rückschnitt, kann die begrünte Fläche auf eine bestimmte Höhe begrenzt werden. Schnittmaßnahmen in großer Höhe erfordern einen hohen technischen Aufwand und sind nicht immer gefahrlos möglich. Zu beachten ist, dass Efeu durch Überhängen im oberen Bereich, leicht „kopflastig“ wird, was zum Ablösen von der Wand führen kann. Etwas kleinere Flächen können auch mit dem Gelbbunten Efeu begrünt werden, der etwas schwächer und langsamer wächst als die Wildform.

Efeu ist für Südwände mit hoher Sonneneinstrahlung nicht geeignet. Wählen Sie besser eine Nord- oder Nordwest- bzw. Nordostseite.

Geißblatt (Lonicera)

Alle Kletterer unter den Geißblättern sind Schlinger. Ursprünglich wuchsen sie im Wald an Bäumen empor, daher bevorzugen die meisten Arten einen eher schattigen Standort. Als Schlinger benötigen sie stabile Drähte oder senkrechte Lattengerüste zum Hochwinden. Die Pflanzung dieser Gerüstkletterer erfolgt am besten im zeitigen Frühjahr, danach werden die Triebe um etwa zwei Drittel ihrer Länge eingekürzt, um die Verzweigung zu fördern. Ein vorübergehendes Fixieren der Triebe an der Kletterhilfe, bis diese selbst zu winden beginnen, ist sinnvoll. Bei älteren Exemplaren ist auch ein gelegentliches Auslichten und Entfernen verkahlter oder abgestorbener Triebe im zeitigen Frühjahr empfehlenswert. Überalterte Exemplare können problemlos stark verjüngt werden.

Kletter-Hortensie (Hydrangea anomala)

Ebenso wie Efeu bevorzugt die Kletter-Hortensie den lichten Schatten, also Nordost- oder Nordwestseiten, und auch die Klettertechnik in Form von Haftwurzeln hat sie mit ihm gemeinsam. An glatten Hauswänden haftet dieser Selbstklimmer nicht zuverlässig, denn die Triebe benötigen festen Kontakt mit der Oberfläche. Soll die Kletter-Hortensie zuverlässig an der Wand hochklettern, empfiehlt es sich in den ersten Jahren eine Rankhilfe anzubringen.

Kletter-Hortensien wachsen sehr langsam, können aber im Laufe der Zeit gut 10 m Wuchshöhe erreichen. Die weißen Blüten sind sehr zierend. Durch den langsamen Wuchs ist in den ersten Jahren kein Schnitt notwendig. Nur die verblühten Blütenstände können abgeschnitten werden, wenn sie das optische Gesamtbild stören. Falls erforderlich sind Rückschnitte bis ins alte Holz möglich. Der beste Zeitpunkt dafür ist direkt nach der Blüte, allerdings fällt dann die Blüte für 1 Jahr aus, da die Kletter-Hortensie an den Neutrieben keine Blütenknospen ausbildet. Auslichten auf Seitenverzweigungen ist die bessere Maßnahme.

Kiwi (Actinidia arguta, A. deliciosa)

Bis auf wenige Ausnahmen sind die meisten Kiwi-Sorten zweihäusig, es gibt somit männliche und weibliche Pflanzen. Will man neben dem Zierwert auch Früchte, ist es notwendig beide Geschlechter zu pflanzen oder selbstfruchtbare Sorten zu verwenden. Wer sich nicht sicher ist, welches Geschlecht seine Pflanze hat, kann die Blüten mit Abbildungen aus speziellen Kiwi-Büchern oder Bildern aus dem Internet vergleichen und notfalls den fehlenden Partner nachpflanzen.

Kiwis, auch Strahlengriffel genannt, brauchen einen geschützten und warmen Standort und lassen sich als Gerüstkletterer gut an Spalieren oder Gerüsten, wie Pergolen, erziehen. Sie tragen ihre Früchte (ähnlich wie Weintrauben) an der Basis der Neutriebe, die am einjährigen Holz sitzen.

Als Sichtschutzgehölz und dekorativer Schlinger ist besonders die **kleinfrüchtige** Art *Actinidia arguta* geeignet, die auch frosthärter ist. Die weiblichen Sorten 'Ambrosia' und 'Maki' benötigen eine männliche Sorte als Befruchter, z.B. 'Nostino', während die ebenfalls weibliche Sorte 'Issai' auch ohne Bestäubung Früchte ausbilden kann. Der Schnitt dieser Mini-Kiwis ist problemlos. Die sehr stark wachsenden Arten brauchen in Abständen einen Auslichtungsschnitt, den man am besten ab Ende Juli ausführt, wenn bereits die kleinen Früchte zu sehen sind. Hier können einige ältere, dicke Triebe zugunsten von Jungtrieben komplett herausgenommen werden. Entfernen Sie starke, steil nach oben ragende einjährige Triebe ganz und kürzen Sie flacher stehende auf etwa 20 cm lange Stummel ein. Die **großfrüchtigeren**, behaarten Arten (*Actinidia*

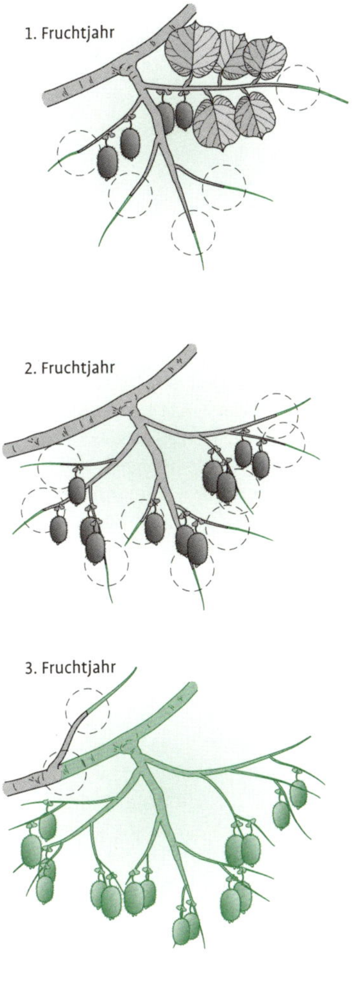

Fruchtholzbildung und Erneuerung bei der Kiwi.

Sommerschnitt bei großfrüchtigen Kiwiarten: Fruchttragende Triebe werden etwa vier bis sechs Blätter nach dem Fruchtansatz eingekürzt.

deliciosa) sind dann gefragt, wenn der Schwerpunkt auf schmackhafte Früchte gelegt wird. Hier wären die selbstfruchtbaren Sorten 'Jenny' und 'Oriental Delight' zu nennen. Die großfrüchtigen Arten benötigen mildere Lagen, wobei 'Oriental Delight' winterhart sein soll.

Zur Verbesserung der Fruchtqualität von *Actinidia deliciosa* ist ein Sommerschnitt empfehlenswert. Dieser wird durchgeführt, wenn die Früchte etwa Walnussgröße haben, also im Juli / August. Die fruchttragenden Triebe werden dabei auf vier bis sechs Blätter nach der letzten Frucht eingekürzt. Generell sollten Sie gleichzeitig die kleinen und schlecht ausgebildeten Früchte entfernen und bei starkem Behang auch die Früchte zusätzlich ausdünnen. Ein Auslichtungsschnitt sollte an frostfreien Tagen bis Ende Februar durchgeführt werden. Späteres Schneiden kann starkes Bluten verursachen, das mit der Zeit wieder von selbst aufhört, aber die Pflanze unnötig schwächt. Ähnlich wie bei Kletterrosen, wird altes Holz herausgeschnitten, das älter als 4 Jahre ist. Flache Seitentriebe werden auf etwa vier Knospen eingekürzt. Aus diesen Knospen bilden sich Fruchttriebe, die an ihrer Basis Früchte ausbilden.

Ziehen Sie immer wieder Jungtriebe nach. Dazu eignen sich am besten Triebe, die relativ flach vom Haupttrieb abzweigen, etwa bleistiftstark sind und eine eigenständige Endknospe aufweisen. Wenn Sie weniger Zeit aufwenden möchten und eine optimale Fruchtqualität nicht als oberstes Ziel haben, können Sie beim Schnitt aber auch problemlos wie bei der Mini-Kiwi verfahren.

Klettertrompete (Campsis radicans)

Dieser prächtig blühende, nicht ganz frostharte Selbstklimmer bevorzugt sonnige Standorte. Er bildet Haftwurzeln zum Klettern aus und kann bis etwa 8 m emporwachsen. Ihre Blüten bildet die Klettertrompete an Neutrieben, daher ist ein Rückschnitt der einjährigen Seitentriebe im März auf etwa 10 cm zur Erhaltung der Blühwilligkeit empfehlenswert. Dies ist natürlich nur möglich, wenn die Pflanze auch noch „erreichbar“ ist, schränken Sie daher das Höhenwachstum rechtzeitig ein. Sollte sich die Pflanze am Haus befinden, lassen Sie sie nicht hinter Fallrohre und Dachrinnen wuchern.

Wollen Sie die Pflanze fächerartig an einer Wand hochziehen, sollten Sie gleich nach der Pflanzung im Frühjahr den Haupttrieb um etwa die Hälfte einkürzen. Um die Seitenverzweigung der aufwachsenden Haupttriebe zu fördern, kann je nach Entwicklung des Gehölzes ein weiterer Rückschnitt in den ersten 2 bis 3 Standjahren sinnvoll sein. Rückschnitt und Auslichten oder Entfernen von frostgeschädigten Trieben je nach Bedarf erfolgt am besten nach den strengsten Frostperioden Ende Februar.

Haftwurzelkletterer wie der Efeu bilden an der lichtabgewandten Seite Wurzeln, mit denen sie sich an Wänden festhalten. Risse und raue Strukturen werden zum Verankern genutzt. Die Haftwurzeln nehmen weder Wasser, noch Nährstoffe auf.

Pfeifenwinde (Aristolochia)

Die Pfeifenwinde ist ein Gerüstkletterer und setzt sich durch ihre großen, herzförmigen Blätter in Szene, ihre pfeifenartigen Blüten sind eher unscheinbar. Es handelt sich um einen stark wachsenden Schlinger, der sich sehr gut zur Begrünung von Pergolen eignet, wobei halbschattige Standorte zu bevorzugen sind. Pralle Sonne und Trockenheit werden nicht so gut vertragen. Ein regelmäßiger Schnitt ist nicht notwendig, bei Bedarf können Sie die Pfeifenwinde aber Ende Februar zurücknehmen oder auslichten. Durch einen Rückschnitt im Sommer können zu lang werdende Triebe problemlos eingekürzt werden.

Waldrebe (Clematis)

Die Waldrebe ist eine äußerst vielfältige und beliebte Blütenschmuckpflanze unter den Kletterern. Alle Arten gehören zu den sogenannten Blattstielrankern. Sie verankern ihre Triebe mit den rankenden Stielen ihrer Laubblätter. Drahtgeflechte bilden ideale Klettergerüste, auch Maschendrahtzäune sind gut geeignet. Werden die Gerüstkletterer zur Begrünung von Fassaden verwendet, können auch Baustahlmatten gute Dienste leisten.

Der obere, mit Blüten besetzte Bereich der Pflanze verträgt volle Sonne ohne Probleme, aber der Wurzel- und Fußbereich sollte leicht beschattet sein, auch weil

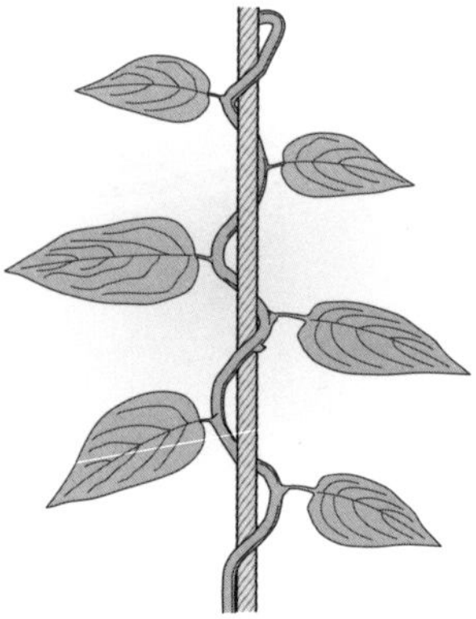

Schlinger: Der gesamte Sproß (Trieb) windet sich spiralförmig um eine Kletterhilfe wie etwa Drahtseile oder dünne Stäbe.

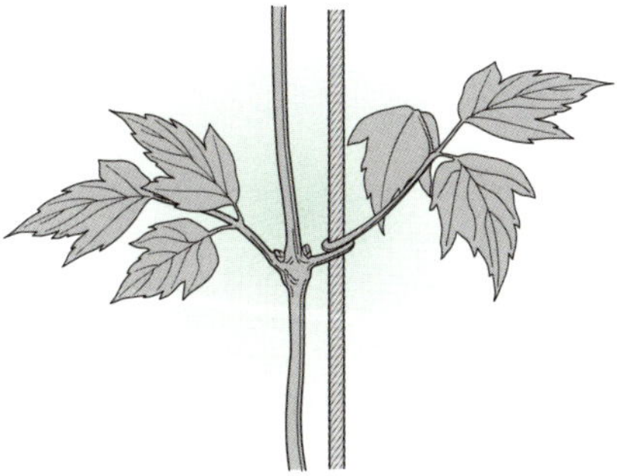

Blattstielranker: Die Kletterhilfe wird von Clematis-Arten mit den Blattstielen umklammert. Bei den Kletterhilfen eignen sich am besten Gitterstrukturen, die keine zu großen Abstände haben.

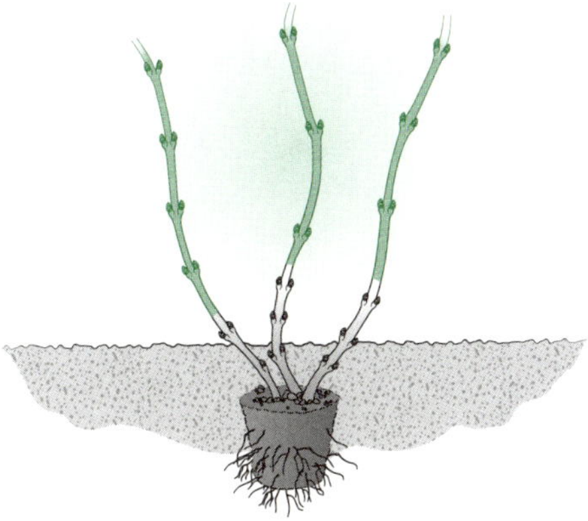

Clematis werden so tief gepflanzt, dass sich noch ein Knospenpaar unter der Erde befindet. Nach der Pflanzung wird auf zwei bis drei Knospen zurückgeschnitten.

längere Trockenperioden schlecht überstanden werden. Pflanzen Sie die Waldrebe im Frühjahr und achten Sie darauf, dass sie im Pflanzloch nicht zu hoch steht, ein Knospenpaar sollte sich unter der Erde befinden. Direkt nach der Pflanzung schneiden Sie auf etwa zwei bis drei Augen zurück. Dies gilt für alle Clematis. Ansonsten unterscheidet man bei Waldreben aufgrund ihrer Blütenbildung zwei Hauptkategorien, wobei eine dritte Gruppe beide Eigenschaften in sich vereinigt.

Kategorie 1: Diese blühen an einjährigen Trieben und die Blüten wurden bereits im Vorjahr angelegt. Hier können Sie die Schere theoretisch mehrere Jahre weglassen, ohne dass die Blütenbildung merklich nachlässt. Auf keinen Fall sollten Sie regelmäßig vor der Blüte zurückschneiden. Mit der Zeit entwickelt sich aber ein dichtes Gestrüpp, das Sie in Abständen problemlos durch stärkere Schnitteingriffe (Auslichten) entwirren können. Zeitpunkt des Verjüngungsschnitts ist am besten

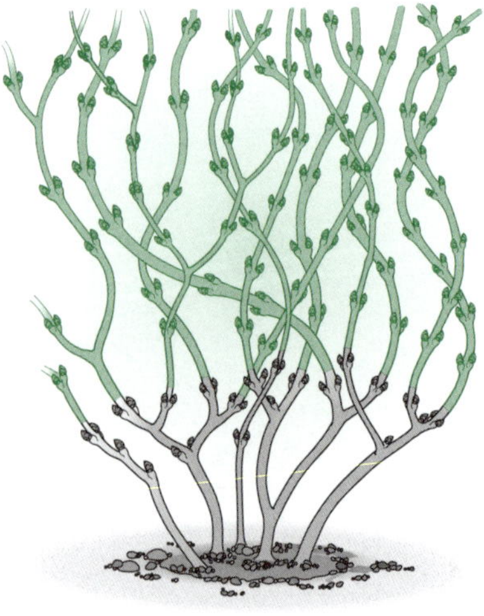

Clematis der Kategorie 2 werden kurz vor dem Austrieb relativ kräftig zurückgeschnitten.

direkt nach der Blüte, so können sich für das kommende Jahr wieder genügend Blütentriebe entwickeln. Bekannte Art ist z. B. die Anemonen-Waldrebe (*Clematis montana*).

Kategorie 2: Hier werden die Blüten an den Neutrieben gebildet, Blütenbildung und Blüte erfolgen im selben Jahr. Alle Triebe werden im Frühjahr, nach den strengsten Frösten, auf eine Höhe von etwa 30–40 cm kräftig zurückgeschnitten. An den neuen Trieben bildet sich eine Vielzahl von Blüten. Die Italienische Waldrebe (*Clematis viticella*), die Orient-Waldrebe (*Clematis* 'Orange Pearl)', die zu den großblütigen Sorten gehörende *Clematis* Jackmanii Gruppe und die Gewöhnliche Waldrebe (*Clematis vitalba*) zählen zu dieser Kategorie.

Außerdem gibt es Arten, die zwischen beiden Kategorien liegen. Sie blühen in der Hauptsache am einjährigen Trieb und im Spätsommer nochmals an Neutrieben. Je nach Schnittkategorie kann die Blüte mehr im Frühjahr sein oder etwas in den Spätsommer verschoben werden. In diese Gruppe gehört beispielsweise die Alpen-Waldrebe (*Clematis alpina*).

Dreilappiger Wilder Wein (Parthenocissus tricuspidata 'Veitchii')

Dieser Selbstklimmer hält sich in Form von Haftscheiben am Ende der Ranken fest, die mit der „Kletterwand“ regelrecht verkleben. Der Dreilappige Wilde Wein (der Name wurde ihm wegen seiner dreizählig gelappten Blattform gegeben) ist ein sehr vitaler Kletterer und der Klassiker unter den Kletterpflanzen. Er kann selbst größere Flächen mühelos bedecken, da er nicht nur nach oben sondern auch in die Breite wächst. Seine unscheinbare Blüte ab etwa Mitte Juli lockt zahlreiche Insekten an und macht ihn auch zur Bienenweide. Selbst radikale Schnittmaßnahmen werden das ganze Jahr über gut vertragen. Achten Sie unbedingt darauf, dass der Wilde Wein nicht höher wird, als die Länge der Leiter, die Sie zur Pflege einsetzen. Keinesfalls sollte

Bitte beachten: Hausfassaden, die in Abständen gestrichen werden sollen, sind für Selbstklimmer wie Efeu und Wilden Wein ungeeignet. Auch schadhaftes Mauerwerk scheidet aus, da ein Einwachsen in Ritzen und Spalten Bauschäden verursachen kann.

die Pflanze in die Dachrinne oder gar auf das Dach wuchern, sorgen Sie hier durch regelmäßigen Schnitt für Abstand! Fassaden, die regelmäßig gestrichen werden, eignen sich für diesen Kletterer nicht, da beim Entfernen die Haftscheiben an der Mauer hängen bleiben und sich nur schwer entfernen lassen.

Engelmanns-Jungfernrebe (Parthenocissus quinquefolia 'Engelmannii')

Die einfache Form des Fünflappigen Wilden Weines (*Parthenocissus quinquefolia*) und die Gewöhnliche Jungfernrebe (*Parthenocissus inserta*) bilden nur wenige Haftscheiben aus und benötigen daher eine Rankhilfe. Im Gegensatz dazu kann sich *Parthenocissus quinquefolia* 'Engelmannii', der Engelmanns-Wein, zwar durch Ranken an Gerüsten festhalten, bildet aber auch effektive Haftscheiben aus. Er wächst eher straff aufrecht und kann Höhen bis zu 20 m ohne Rankhilfe erklimmen. Er zeichnet sich durch eine bereits frühzeitig beginnende und intensive Herbstfärbung aus, berankte Flächen erscheinen dann in flammendem Rot.

An glatten Wänden tut er sich anfangs etwas schwer und er bildet auch keinen so dichten „grünen Pelz“ aus wie sein dreilappiger Verwandter (*Parthenocissus tricuspidata*). Ansonsten ist er genauso schnittverträglich und es gelten die gleichen Regeln wie weiter oben beschrieben.

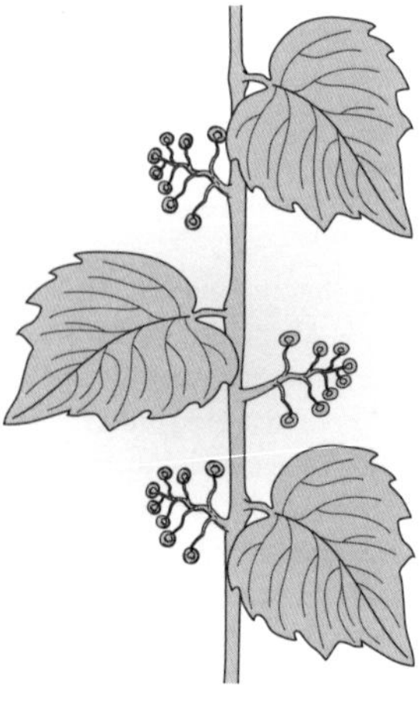

Haftscheibenranker: Haftscheiben verkleben mit der Wand und lassen sich nur schlecht wieder entfernen.

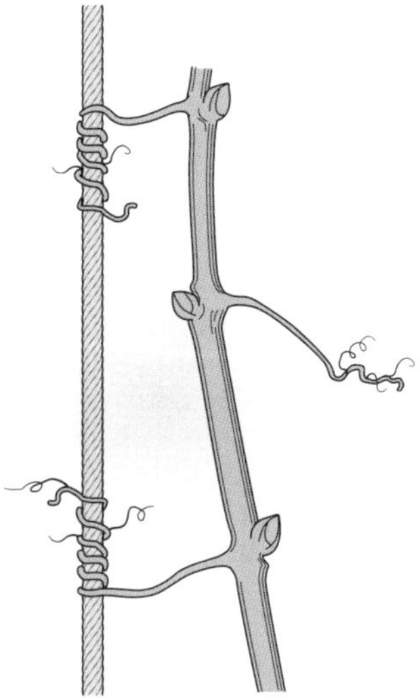

Sproßranker: Die berührungsempfindlichen Ranken umschlingen bei Berührung Kletterhilfen, die nicht zu dick sein sollten. Gitterstrukturen sind gut geeignet.

Probleme vermeiden

Schwierigkeiten entstehen meistens, wenn man sich vorher nicht richtig informiert hat und die gewünschten Ergebnisse sich dann nicht einstellen. Wenn die Pflanzen im Garten nicht optimal gedeihen, kann das viele Ursachen haben. Am wichtigsten ist, dass Gehölz und **Standort** zusammenpassen. Daher ist eine vorausschauende Gartenplanung sehr sinnvoll. Welche Möglichkeiten bieten Klima, Standort und Bodenverhältnisse in Ihrem Garten? Wählen Sie danach die für Sie am besten geeigneten Arten aus.

Auch der **Zeitfaktor** spielt eine Rolle: Ist die Gartenarbeit Ihr ausfüllendes Hobby oder ist die Zeit begrenzt und Sie möchten nicht zu viele Stunden in die Pflege investieren? Der Ziersträucherschnitt kann je nach Strauchart mehr oder weniger aufwendig ausfallen. Wählen Sie also das passende Gehölz für Ihre zeitlichen Möglichkeiten aus, damit Sie später auch die anfallenden Arbeiten bewältigen können. Fehler beim Schnitt ziehen oftmals langwierige Korrekturen nach sich. Wenn Sie wohlüberlegt und gut informiert an die Arbeit gehen, sparen Sie viel Zeit und obendrein den Ärger über eine misslungene Gestaltung.

Probleme können auch **Pflanzenkrankheiten** machen. Sie werden durch ungünstige Standorte, falsche Sortenwahl und falschen Schnitt begünstigt. **Schnittfehler** sind ein häufiger Grund, warum viele Ziersträucher nicht so blühen oder wachsen, wie man sich dies gewünscht hat.

Vor der Pflanzung eines Gehölzes oder einer Hecke an die Grenze sollte unbedingt das **Nachbarrecht**, das Grenzabstände regelt, berücksichtigt werden. Das Nachbarrecht kann von Bundesland zu Bundesland variieren. Auskünfte geben die Gemeinden, Landratsämter oder Landwirtschaftsverwaltungen. Auf keinen Fall ist es sinnvoll, durch ständige Schnitteingriffe einen zu knapp bemessenen Standort anzupassen oder Ärger mit den Nachbarn heraufzubeschwören, weil ein Gehölz zu nah an der Grenze steht.

Gehölzerkrankungen und Schädlinge

Zunächst sollte man nicht-parasitäre Schadursachen von den Schädigungen durch Krankheiten und Schädlinge unterscheiden. Nicht jedes gelbe Blatt oder jeder abgestorbene Trieb wurde durch Krankheitserreger verursacht.

Zu den **nicht-parasitären** Schadursachen zählen vor allem die Auswirkungen von Klima (Kleinklima) und Bodenverhältnissen, aber auch der Wasser- und Nährstoffversorgung. Durch falsche Arten- und Sortenwahl und unsachgemäße Pflege werden diese Faktoren verstärkt. Der Anteil der nicht-parasitären Schadursachen an der Gesamtheit der Schadfaktoren ist sehr hoch, trotzdem können wir im Rahmen dieses Buches nicht näher auf diese Gruppe eingehen.

Bei den **parasitären** Schäden unterscheidet man zwischen Schädlingen, die im Wesentlichen durch Tiere verursacht werden, und Krankheiten, die durch Pilze, Bakterien oder Viren hervorgerufen werden. Eine Vielfalt verschiedener Pflanzen und Tiere im Garten wirkt einer Massenverbreitung bestimmter Krankheiten und Schädlinge entgegen und fördert die Nützlinge. Achten Sie auf standortgerechte Pflanzen- und Sortenwahl und bevorzugen Sie resistente Sorten. Schenken Sie auch der Bodenvorbereitung und -pflege besonderes Augenmerk. Eine herausragende Rolle spielt die gute Qualität der Pflanzware. Kulturfehler, wie z. B. falscher Schnitt, nicht bedarfsgerechte Düngung, mangelnde Bodenpflege, falsche Bewässerung usw., führen verstärkt zu Krankheits- und Schädlingsbefall.

Schädlinge

Läuse: Schäden entstehen bei einem Massenauftreten von Blattläusen. Ameisen verhindern eine natürliche Kontrolle der Blattläuse durch ihre Fraßfeinde. Nützlinge wie Florfliegenlarven, Schwebfliegenlarven, Marienkäfer, Gallmückenlarven und Ohrwürmer fressen Blattläuse. In artenreichen Gärten, in denen immer etwas blüht und auch Rückzugsbereiche wie Hecken, und Reisighaufen vorhanden sind, finden diese Nützlinge einen Lebensraum.

Blattläuse saugen bevorzugt an frischen, weichen Blättern und

Trieben, daher fördern übertriebene Stickstoffdüngung und falscher Schnitt den Blattlausbefall. Für den Hausgarten zugelassene Pflanzenschutzmittel sollten nur in Ausnahmen Verwendung finden und auf jeden Fall umweltverträglich und nützlingsschonend sein.

Raupen, Engerlinge u. Ä.: Es handelt sich beim Befall an Sträuchern meist um Larven des Frostspanners (und anderer Schmetterlingsraupen) oder des Dickmaulrüsslers (Engerlinge des Käfers), die an Blättern, Blüten und Wurzeln fressen. Nur eine Massenvermehrung führt zu ernstzunehmenden Schäden. Wichtige Gegenspieler sind Vögel, Raubinsekten, Schlupfwespen und Spitzmäuse. Gegen Dickmaulrüsslerlarven, die an den Wurzeln fressen können, helfen bestimmte räuberische Nematoden, die es im Fachhandel gibt.

Noch zu nennen ist die Larve der Blattrollwespe an Rosen, die zu typisch eingerollten Blättern führt. Schneiden Sie als Gegenmaßnahme diese Triebe einfach aus. Auch beim Rosentriebbohrer handelt es sich um eine Blattwespe, deren Larve im inneren der Triebe frisst und die Triebspitzen zum Absterben bringt. Hier hilft ebenfalls das Ausschneiden der befallenen Triebe. Kranke Pflanzenteile nicht auf den Kompost geben!

Beim Buchs macht der Buchsbaumzünsler von sich reden, der schnell zum kompletten Absterben der Pflanze führen kann. Schadherde, die durch die Larven des Kleinschmetterlings verursacht werden, kann man großzügig ausschneiden und vernichten, dies führt bei starkem Befall aber nicht zum Ziel. Es gibt auch Pflanzenschutzmittel, die im Hausgarten zugelassen sind, allerdings sind mehrere Spritzungen notwendig und in einem Naturgarten nicht erwünscht. Daher bei starkem Befall von Buchs besser auf Ersatzpflanzen ausweichen. Geeignet sind die Buchsblättrige Berberitze (*Berberis buxifolia*), die Heckenmyrte (*Lonicera nitida*) und die Stechpalme *Ilex crenata* 'Robustico'.

Auch Gespinstmotten kommen immer wieder an Sträuchern vor. Bereits kurz nach dem Austrieb der Gehölze beginnen die Raupen der Gespinstmotte mit ihrem Fraß an den Knospen und jungen Blättern. Die charakteristischen Gespinste werden erst später gebildet. Am besten können Sie die Gespinstmotten bekämpfen, indem Sie die Gespinste frühzeitig herausschneiden, also vor dem Verpuppen der Larven im Sommer. Der Fachhandel bietet ferner biologische Präparate an, die ausschließlich auf den Organismus von Raupen wirken.

Krankheiten

In der Hauptsache handelt es sich bei den Sträuchern um Mehltau- und Rostpilze. Hier sind besonders Rosen gefährdet. Mit der Wahl der richtigen Sorte (ADR-Rosen) ist bereits viel getan. Auch Bakterien und Viren spielen als Krankheiten eine gewisse Rolle. Optimale Standorte, Bewässerung und Düngung machen die Pflanzen widerstandfähiger.

Viele Erreger überwintern auf Trieben und im Falllaub. Schneiden Sie daher befallene Triebe aus und lesen Sie abgefallenes Laub auf – aber nicht auf den Kompost geben, sondern über die Biotonne entsorgen oder wenn möglich verbrennen. In regelmäßigen Abständen sollten die Schnittwerkzeuge mit 70 %igem Alkohol desinfiziert werden.

In den letzten Jahren ist beim beliebten Buchs ein weiteres Problem zu beobachten. Ein Pilz verursacht das sogenannte Buchsbaumsterben. Hier gibt es derzeit keine wirkungsvolle Bekämpfungsmaßnahme. Daher sollten Sie Ersatzpflanzen wie Buchsblättrige Berberitze (*Berberis buxifolia*) und Heckenmyrte (*Lonicera nitida*) verwenden.

Auch die Bakterienkrankheit Feuerbrand, die besonders an bestimmten Obstgehölzen verheerende Schäden verursachen kann, darf nicht unerwähnt bleiben. Das Bakterium befällt sogenannte apfelfrüchtige Rosengewächse, zu denen beispielsweise auch die Glanzmispel, *Cotoneaster*-Arten, die Zierquitte und der Feuerdorn gehören. Nur großzügiges Ausschneiden oder das Roden der befallenen Pflanzen ist wirksam. Desinfizieren Sie unbedingt Ihre Schnittwerkzeuge und verbrennen Sie das Schnittgut möglichst.

Service

Die folgenden Abschnitte sollen Ihnen helfen, weitere Informationen zum Thema Gehölzschnitt zu finden. Außerdem werden die verwendeten Fachbegriffe erläutert und Erklärungen für häufig gemachte Fehler vorgestellt.

Nachbarrecht

Das Nachbarrecht regelt z. B. Grenzabstände von Gehölzen und deren Höhenbegrenzungen. Es soll dazu dienen, dass benachbarte Grundstücke nicht durch übermäßigen Schattenwurf oder durch andere unzumutbare Beeinflussungen in ihrer Nutzung und Funktion beeinträchtigt werden. Hier sollte die Regel gelten, dass ich das, was ich mir vom Nachbarn wünsche, auch selbst einhalten sollte. Das Nachbarrecht ist somit auch für den Hobbygärtner von großer Bedeutung. An dieser Stelle möchten wir auf aktuelle Broschüren zum Nachbarrecht verweisen, die in der Regel durch die Justizministerien der jeweiligen Bundesländer herausgegeben werden.

Typische Fehler

Einige Fehler beim Schneiden und der Pflege von Ziersträuchern werden immer wieder gemacht und sind die sogenannten Klassiker in vielen Gärten. Im Folgenden werden die am häufigsten auftretenden Probleme beschrieben und direkt im Anschluss Lösungsansätze formuliert.

>> Die Formhecke verkahlt an der Basis.

Mögliche Ursache

Die Hecke ist im oberen Bereich breiter gehalten und beschattet die Basis. Der Neuzuwachs findet nur noch oben statt.

Was ist zu tun?

Die Hecke zurückschneiden und den oberen Bereich zurücknehmen. Darauf achten, dass die Hecke nach oben schmäler wird.

>> Die Formhecke wird nicht dicht und weist Kahlstellen auf.

Mögliche Ursache

Die Hecke wurde bisher nicht oder nur wenig zurückgeschnitten. Die dicht stehenden Einzelgehölze streben aus Konkurrenzgründen schnell ans Licht und verzweigen sich nur wenig.

Was ist zu tun?

Ein stärkerer Rückschnitt muss jährlich erfolgen, um die Verzweigung anzuregen. Das gilt allerdings nicht für Nadelgehölze (außer Eibe).

>> Der Strauch besteht nur aus Alttrieben und ist unten komplett verkahlt.

Mögliche Ursache

Über viele Jahre wurden die Jungtriebe an der Basis entfernt und der Strauch mit der Heckenschere oben kugelförmig zurückgenommen. Neutriebe werden dadurch nur im oberen Bereich „bubikopfartig“ gebildet.

Was ist zu tun?

Diesen unsachgemäßen Formschnitt an Solitärsträuchern sofort einstellen. Am besten den Strauch durch Totalverjüngung (Auf-den-Stock-setzen) neu aufbauen. In den Folgejahren nur etwas auslichten und nicht zurückschneiden. So kann der Strauch seinen natürlichen Habitus wieder entwickeln.

>> Lavendel fällt auseinander und wächst nicht mehr buschig.

Mögliche Ursache

Der Lavendel wurde regelmäßig nur oberflächlich zurückgeschnitten, sodass sich viele verholzte Triebe gebildet haben. Neutriebe bilden sich nur noch an den Triebspitzen, der Lavendel wird kopflastig und die Triebe fallen auseinander.

Was ist zu tun?

Von Anfang an den Lavendel jährlich Ende April stark zurückschneiden und so die Verholzung der Triebe vermeiden, so bleibt die Pflanze vital und dicht und blüht üppig.

>> Die Garten-Hortensie blüht nur spärlich.

Mögliche Ursache

Die Garten-Hortensie bildet ihre Blütenknospen bereits im Vorjahr an den Triebspitzen aus. Schneidet man sie im Frühjahr zu stark zurück, wird dadurch der größte Teil der Blütenknospen entfernt.

Was ist zu tun?
Kein starker Rückschnitt vor der Blüte, falls erforderlich direkt nach der Blüte auslichten, Blütenknospen schonen.

>> Der Zierstrauch wächst kümmerlich und die Blätter sind klein und hell.
Mögliche Ursache
Das Ziergehölz steht auf leichtem, sandigem oder steinigem Boden und leidet seit Jahren unter Trockenheit bzw. Wasser- und Nährstoffmangel.

Was ist zu tun?
Überlegen, ob der Strauch für diesen Standort geeignet ist. Besser genügsame Sträucher wie Felsenbirne oder Kornelkirsche für diesen Standort wählen. Während längerer Trockenperioden ausreichend gießen, wenigstens 30 l pro Woche. Im Frühjahr mit Kompost düngen. Ist der Strauch kaum verzweigt, zusätzlich einen Rückschnitt nach den strengsten Frösten erwägen.

>> Die Blätter sind gelblich und nur die Blattadern grün.
Mögliche Ursache
Bestimmte Gehölze, insbesondere aus der Gruppe der sogenannten Moorbeetpflanzen, benötigen einen eher sauren Boden (niedriger pH-Wert). Hohe Kalkgehalte im Boden verhindern die Eisenaufnahme und bewirken Eisenmangel in der Pflanze, was zu diesem typischen Bild führt.

Was ist zu tun?
Standort überdenken, auch wenn es inzwischen kalktolerante Rhododendron gibt. Der beste Standort für Pflanzen wie Kultur-Heidelbeeren, Azaleen, Rhododendron, Besenheide, Kartoffel-Rose u. a. ist ein luftiger, lockerer, leicht saurer Boden. Kurzfristig helfen Blattspritzungen mit Eisendüngern, langfristig aber nur die Auswahl des richtigen Standortes. Alkalisch wirkende Düngemittel vermeiden.

>> Die Blätter werden vom Rand her braun und die Pflanze kümmert.
Mögliche Ursache
Häufig handelt es sich um typische Trockenschäden nach längeren Trockenperioden bei sonnenexponierter Lage. In seltenen Fällen kann es sich auch um Kaliummangel handeln.

Was ist zu tun?
Bei trockenem Boden unbedingt durchdringend gießen. Wenigstens 20 l pro Pflanze und Gießvorgang, sonst gelangt kein pflanzenverfügbares Wasser an die Wurzeln. Keine zusätzlichen Sommerschnittmaßnahmen durchführen, um die Pflanze nicht zusätzlich zu schwächen.

>> Ein immergrüner Strauch zeigt im Frühjahr Wuchsdepressionen.
Mögliche Ursache
Nach strengen Wintern mit dauerhaftem Bodenfrost leiden immergrüne Pflanzen wie verschiedene Koniferen, Kirschlorbeer u. a. unter Trockenschäden, der sogenannten Frosttrocknis: Da sie immergrün sind, wird über die Blätter auch im Winter Wasser abgegeben, es kann aber durch Bodenfrost keine Aufnahme erfolgen.

Was ist zu tun?
Im Herbst und an milden Wintertagen immergrüne Gehölze gut gießen. Kirschlorbeer nach den Winterfrösten stark zurückschneiden, um einen Neuaustrieb zu erreichen.

>> Beetrosen blühen unregelmäßig und nur an einzelnen, langen Trieben.
Mögliche Ursache
Die Beetrosen wurden zu stark zurückgeschnitten und konnten nur aus wenigen Knospen austreiben, der Beetcharakter geht verloren.

Was ist zu tun?
Beetrosen im Frühjahr auf etwa fünf Knospen zurückschneiden (nicht tiefer), so können sich genügend Triebe entwickeln, die zur Blüte kommen.

>> Beetrosen sind bis auf den Boden zurückgefroren.
Mögliche Ursache
Rosen frieren von oben nach unten zurück. Da die Rosen bereits im Herbst stark zurückgeschnitten wurden, sind die Triebe komplett zurückgefroren.

Was ist zu tun?
Im Herbst nur wenig zurückschneiden, in Frostlagen etwas anhäufeln und mit Fichtenreisig abdecken. Der eigentliche Schnitt erfolgt nach den strengsten Frösten, zum Zeitpunkt der Forsythienblüte.

>> Mehrmals blühende Rosen bilden nur noch wenige Neublüten.
Mögliche Ursache
Die Blütenstände werden nicht regelmäßig ausgeschnitten.

Was ist zu tun?
Verblühtes regelmäßig entfernen, um Neutriebe zu fördern und die Hagebuttenbildung zu unterbinden. Bei Trockenheit gießen und vor dem zweiten Blütenflor Ende Juni nochmals düngen.

>> Kiwis wachsen stark und blühen, tragen aber keine Früchte.
Mögliche Ursache
Bei der gepflanzten Kiwi-Sorte handelt es sich um eine zweihäusige Pflanze und es wurden nur weibliche Pflanzen gesetzt.

Was ist zu tun?
Eine Befruchtersorte (männliche Pflanze) dazupflanzen, um die Befruchtung zu gewährleisten.

Zum Weiterlesen und -klicken

Vertiefend zum komplexen Thema des Ziersträucherschnitts empfehlen wir Ihnen im Anschluss weiterführende Literatur bzw. hilfreiche Internetseiten.

Literaturempfehlungen

- Boerner, F. und Koch, H.: Gehölzschnitt. 1987, Verlag Eugen Ulmer.
- Griegel, A.: Mein gesunder Ziergarten. 2001, Griegel Verlag.
- Haas, H.: Pflanzenschnitt. Das Große GU Praxishandbuch. 2012, Gräfe und Unzer Verlag.
- Heinzelmann, R.: Handbuch für Obst- und Gartenfachwarte. LOGL Baden-Württemberg, Auflage 2014, Bezug über die LOGL-Geschäftsstelle.
- Heinzelmann, R. und Nuber, M.: 1 x 1 des Obstbaumschnitts. 2015, Verlag Eugen Ulmer.
- Holzförster, H.: Ziergehölze schneiden leicht gemacht. 2001, Kosmos Verlag.
- Pirc, H.: Ziergehölze schneiden. 2015, Verlag Eugen Ulmer.
- Willery, D.: Ziersträucher von A–Z. 2006, Verlag Eugen Ulmer.

Empfehlenswerte Links

- Landesverband für Obstbau, Garten und Landschaft Baden-Württemberg e.V. (LOGL)
  www.logl-bw.de
- Verbandfachzeitschrift des LOGL Obst & Garten
  www.oug.de
- Landwirtschaftliches Technologiezentrum, Karlsruhe-Augustenberg
  www.ltz-augustenberg.de
- Verband der Obst- und Gartenbaufachberater in Baden-Württemberg
  www.vbogl.de
- Deutsches Agrarinformationsnetz
  www.dainet.de
- Verbraucherministerium BMELV
  www.bmelv.de
- Zentralstelle für Agrardokumentation und Information ZADI
  www.zadi.de
- Lehr- und Versuchsanstalt für Gartenbau, Heidelberg
  www.lvg-heidelberg.de
- Bayerische Landesanstalt für Weinbau und Gartenbau
  www.lwg.bayern.de

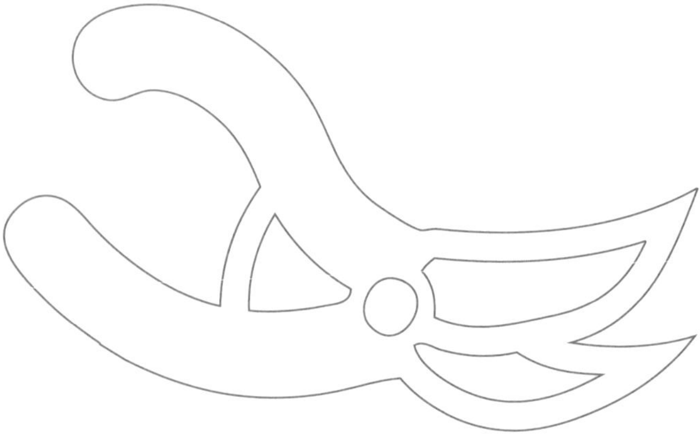

Fachbegriffe

Wer in einschlägigen Zeitschriften, Büchern und im Internet stöbert, stößt immer wieder auf Fachbegriffe. Die wichtigsten werden hier aufgeführt und erklärt.

Ableiten Einkürzen eines Triebes bis auf eine Stelle oberhalb eines flacher stehenden Seitenastes.

Adventivknospen Knospen im Wurzelbereich, aus denen Neutriebe – sogenannte Wurzelausläufer – gebildet werden. Kommen z. B. bei Flieder und verschiedenen Hartriegelarten vor.

Astring Verdickte Verbindung zwischen Stamm und Ast (Astkragen), der beim Entfernen eines Astes am Stamm verbleiben soll, um die Wundheilung zu fördern.

Auf den Stock setzen Radikaler Rückschnitt aller Triebe auf Stummel von etwa 10–20 cm Länge. Diese extreme Verjüngung ertragen nicht alle Gehölze.

Auge Voll entwickelte Triebknospe, die beim Rückschnitt austreibt.

Containerpflanze Jungpflanze, die in Töpfen herangezogen wurde und das ganze Jahr über gepflanzt werden kann.

Dornen Verholzte (umgewandelte) Kurzsprosse, die im Trieb fest verankert sind. Man kann sie nicht einfach ausbrechen, sondern nur abschneiden. Weißdorn, Rotdorn und Schlehen haben Dornen; Rosen hingegen Stacheln.

Edelsorte Sorte mit vermehrungswürdigen Eigenschaften. Sie ist auf eine Unterlage (Wurzel) veredelt.

Erhaltungsschnitt Ein Schnitt, durch den das Gehölz sein natürliches Erscheinungsbild beibehalten soll. Auch die Neutriebbildung und Blütenentwicklung sollen sich dadurch in einem optimalen Verhältnis befinden.

Einjähriger Trieb Im letzten Jahr gebildeter Trieb, der auch vorjährig genannt wird.

Einkürzen Ein Trieb wird durch Abschneiden der Spitze eingekürzt, was zum Austreiben der verbleibenden Knospen führt.

Formschnitt Das natürliche Erscheinungsbild wird durch gezielte Schnittmaßnahmen zu einer gewünschten Form verändert.

Flachwurzler Gehölze, die keine tiefen Wurzeln ausbilden und ihre Hauptwurzelmasse relativ nahe an der Bodenoberfläche bilden.

Halbstrauch Pflanzen, die zwischen Sträuchern und Stauden klassifiziert werden. Diese verholzen nur teilweise. Regelmäßiger Rückschnitt verhindert das Verholzen und die Triebe bleiben krautig.

Immergrüne Pflanzen Bei diesen Pflanzen werden die Blätter im Herbst nicht abgeworfen und bieten daher auch im Winter einen gewissen Sichtschutz.

Kambium Teilungsfähige Zellen, die sich z. B. im Astring befinden. Sie sind für das Schließen der Schnittwunde zuständig und überwallen die Wunde.

Langtrieb Meist steil stehende, starkwüchsige, einjährige Triebe mit mehr als 50 cm Länge und ohne Seitenverzweigung. Sie sind zum Strauchwachstum und dessen Verjüngung erforderlich und bilden keine Blüten-, sondern nur Triebknospen. Bilden sie sich bei Sträuchern nur im Kopfbereich und nicht an der Basis, rührt dies von falschen Schnittmaßnahmen her.

Leittrieb Mehrjährige Gerüsttriebe, an denen Seitenverzweigungen, Blätter und Blüten sitzen. Sie bilden das Gerüst und sind für Wuchs- und Erscheinungsform verantwortlich.

Mehrjähriger Trieb Zweig, der älter als 2 Jahre ist.

Neutrieb Neu gewachsener Trieb, der noch nicht verholzt oder verzweigt ist. Sein Wachstum ist noch nicht abgeschlossen. Er wird auch als diesjähriger Trieb bezeichnet.

Schlafende Augen Unsichtbare Reserveknospen im Holz, die erst nach einem Rückschnitt austreiben.

Stacheln Ausstülpungen der Rinde, die relativ leicht ausgebrochen werden können, ohne eine Wunde zu hinterlassen. Rosen haben beispielsweise Stacheln.

Triebknospe Flach ausgebildete Knospe, die keine Blüte, sondern nur einen neuen Trieb mit den daran wachsenden Blättern beinhaltet. Sie wird auch Holzknospe genannt.

Unterlage Wurzel, auf welche die Edelsorte veredelt wurde. Beeinflusst die Wuchsstärke, die Vitalität und Größe eines Gehölzes, aber auch die Standfestigkeit und das Blühverhalten.

Veredlungsstelle Bezeichnet den Übergang von der Edelsorte zur Unterlage. Diese muss bei Rosen etwa 10 cm unter der Erde sein, um Frostschäden zu vermeiden.

Wasserschosse Senkrecht stehende, starkwüchsige, einjährige, vegetative Triebe, die nach einer zu starken Schnittmaßnahme entstehen.

Wildtriebe Triebe aus der Unterlage, die nur bei veredelten Gehölzen entstehen; Sträucher auf eigener Wurzel bilden keine Wildtriebe. Wildtriebe können die Edelsorte schwächen und müssen entfernt werden.

Wurzelnackte Pflanze Pflanzen, die ohne Ballen, Topf oder Container verkauft werden.

Zweijähriger Trieb Trieb im zweiten Vegetationsjahr mit einjährigen Verzweigungen.

Schnittkalender

Art	Jan	Feb	März	April	Mai	Juni	Juli	Aug	Sept	Seite
Apfelbeere		A	A							54
Aralie	–	–	–	–	–	–	–	–	–	20
Besenheide			V	V						34
Blauregen		K	K				K	K		64
Deutzie		A	A							24
Eberesche	–	–	–	–	–	–	–	–	–	54
Efeu		K	K	K	K	K	K	K		65
Eibisch, Strauch-			V	V						35
Felsenbirne		A	A				A	A		55
Feuerdorn		A	A					A	A	24
Flieder					S	S				27
Forsythie				S	S					29
Gamander, Edel-		V	V							35
Geißblatt		K	K							66
Gojibeere			V	V						56
Goldregen	–	–	–	–	–	–	–	–	–	21
Hartriegel, Blumen-	–	–	–	–	–	–	–	–	–	21
Hartriegel, Gelbholziger		R	R							42
Hartriegel, Rotholziger		R	R							43
Haselnuss		A	A							58
Heidelbeere, Kulturform			A	A						59
Hortensie, Garten-					S	S				30
Hortensie, Kletter-		K	K	K	K	K	K	K		66
Hortensie, Rispen-			V	V						36
Jasmin, Falscher		A	A				A	A		24
Johannisbeere, Blut-				S	S					30
Johanniskraut		V	V							37
Jungfernrebe, Engelmanns-		K	K	K	K	K	K	K		74
Kiwi		K					K	K		66
Klettertrompete		K	K							69
Kolkwitzie		A	A				A	A		25
Kornelkirsche	–	–	–	–	–	–	–	–	–	60

Art	Jan	Feb	März	April	Mai	Juni	Juli	Aug	Sept	Seite
Lavendel				V			S			37
Mahonie		A	A							25
Maibeere			A	A						60
Perowskie										39
Pfaffenhütchen		A	A							26
Pfeifenwinde		K	K							70
Ranunkelstrauch						S	S			31
Rhododendron							S	S		32
Rosen			V	V		S	S			43
Sanddorn								A	A	61
Schirmbambus	–	–	–	–	–	–	–	–	–	22
Schneeball		S	S			S	S			33
Schneebeere						A	A	A		26
Seidelbast	–	–	–	–	–	–	–	–	–	22
Sommerflieder, Gewöhnlicher										39
Sommerflieder, Schmalblättriger		A	A				A	A		27
Spierstrauch, Braut-				S	S					33
Spierstrauch, Japanischer		V	V							41
Tamariske, Kleinblütige					S	S				33
Waldrebe Kategorie 1					K	K	K			72
Waldrebe Kategorie 2		K	K							73
Weigelie		S	S			S	S			34
Wilder Wein, Dreilappiger		K	K	K	K	K	K	K		73
Zaubernuss	–	–	–	–	–	–	–	–	–	22
Zierquitte		A	A							62

A	= in Abständen auslichten	R	= Rindenfärbung
S	= Schnitt nach der Blüte	K	= Kletterpflanzen
V	= Schnitt vor dem Austrieb	–	= möglichst nicht schneiden

Register

Rolf Heinzelmann ist gelernter Gärtner und Dipl.-Ing. (FH) Gartenbau. Er ist Geschäftsführer des Landesverbandes für Obstbau, Garten und Landschaft Baden-Württemberg e.V. (LOGL) sowie verantwortlicher Schriftleiter der Zeitschrift Obst & Garten. Außerdem ist er Autor zahlreicher Fachartikel und bekannter Vortragsredner.

Bildnachweis
arigato/Shutterstock.com: U1 (Papier Hintergrund)
Colourbox.de: U1 (Blüte Zierquitte)

Alle Zeichnungen fertigte Helmuth Flubacher, Waiblingen, nach Vorlagen des Autors.

Hinweis: Die in diesem Buch enthaltenen Empfehlungen und Angaben sind vom Autor mit größter Sorgfalt zusammengestellt und geprüft worden. Eine Garantie für die Richtigkeit der Angaben kann aber nicht gegeben werden. Autor und Verlag übernehmen keinerlei Haftung für Schäden und Unfälle.

Bibliografische Information der Deutschen Nationalbibliothek
Die Deutsche Nationalbibliothek verzeichnet diese Publikation in der Deutschen Nationalbibliografie; detaillierte bibliografische Daten sind im Internet über http://dnb.d-nb.de abrufbar.

Wollgrasweg 41, 70599 Stuttgart (Hohenheim)
E-Mail: info@ulmer.de
Internet: www.ulmer-verlag.de
Lektorat: Sabine Drobik, Doris Kowalzik
Herstellung: Silke Reuter
Umschlagentwurf: Verlag Eugen Ulmer
Satz: r&p digitale medien, Echterdingen
Druck und Bindung: Friedrich Pustet, Regensburg
Printed in Germany

ISBN 978-3-8001-0397-3

Buchtipp

- Profiwissen zum Spitzenpreis!
- Leicht nachvollziehbare Schnittanleitungen in Kurzform
- Mit aussagekräftigen Zeichnungen

Obstbaumschnitt leicht gemacht

Dieses handliche Buch vermittelt die Grundlagen für den richtigen Schnitt. Viele, aussagekräftige Zeichnungen helfen Bild für Bild, Schnitteingriffe besser zu verstehen und direkt an Apfel, Birne und Co. erfolgreich umzusetzen.
Beurteilen Sie bereits vor dem Schnitt, wie die Pflanze auf bestimmte Eingriffe reagieren wird sorgen Sie mit gezielten Schnittmaßnahmen für gesundes Wachstum und eine leckere Ernte.

1 x 1 des Obstbaumschnitts. Bild für Bild.
Rolf Heinzelmann, Manfred Nuber. 3., aktualisierte Auflage 2015.
96 Seiten, 70 Zeichnungen, kart. ISBN 978-3-8001-8392-0.